RENÉ GARDI

ALANTIKA

Bericht über zwei Reisen
im Abstand von fünfundzwanzig Jahren

April 1990

RENÉ GARDI

ALANTIKA

Vergessenes Bergland
in Nordkamerun

Fotos: René Gardi, einige von Franz Moser und Harald Widmer (siehe Anhang)
Schutzumschlag und Karten: Karl Tanner, Wichtrach
Fotolithos: Prolith AG, Köniz
Satz und Druck: Büchler+Co AG Wabern
Einband: Schumacher AG, Schmitten
ISBN 3-7165-0291-X
Printed in Switzerland

Inhalt

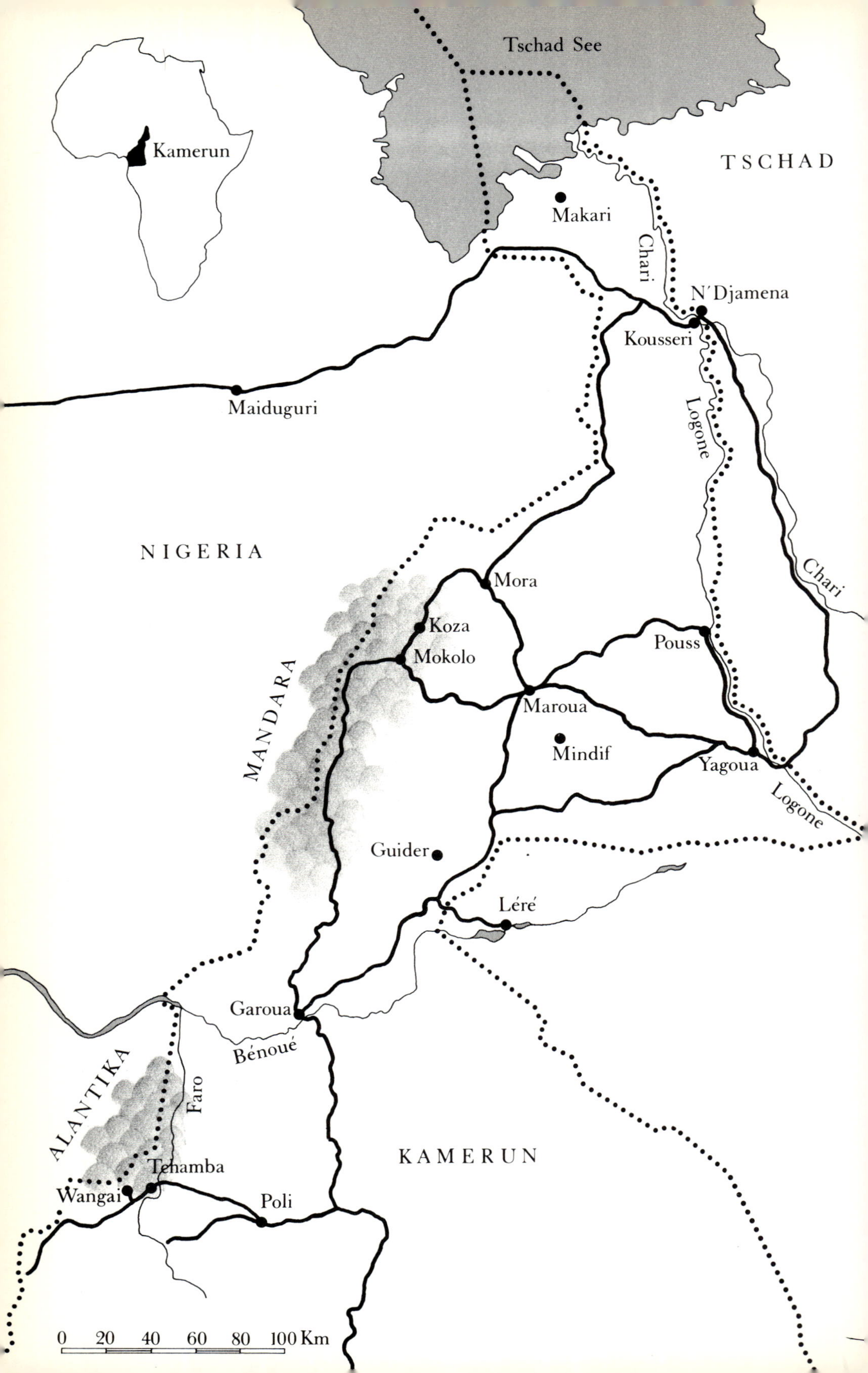

Tschad See
Kamerun
TSCHAD
Makari
Chari
N'Djamena
Kousseri
Maiduguri
Logone
NIGERIA
Chari
Mora
Koza
Pouss
Mokolo
MANDARA
Maroua
Mindif
Yagoua
Logone
Guider
Léré
Garoua
Bénoué
ALANTIKA
Faro
KAMERUN
Tchamba
Wangai
Poli
0 20 40 60 80 100 Km

Alantika

Ameisen liefen in ungewohnter Eile an den dornigen Stämmen der Kapokbäume vor dem alten Rasthaus von Mokolo auf und ab, sie eilten in ungeordneten und dichten Scharen aufgeregt und sinnlos hin und her. Die bunten Agamen, die dreifarbigen, kletterten an den weissgekalkten Hauswänden noch eiliger empor als sonst, die Fliegen plagten uns ärger denn je, und in der Küche stritten sich die Boys wegen jeder Nichtigkeit. Der Esel eines Händlers schrie ohne ersichtlichen Grund, und hinter den Bergen wuchsen unvermittelt und rasch gewaltige Gespensterwolken gen Himmel und verwandelten sich dann nach Sonnenuntergang in drohende und schwarze Mauern. Ein übermütiger Wind trieb dürre Blätter und Sand vor sich hin.
An diesem Abend regnete es nach einer sehr langen Trockenzeit wieder zum ersten Mal, schwere Tropfen fielen weich in den dicken Staub auf dem Platz vor unserm Haus, und die Spannung, die an diesem Tag Mensch und Tier geplagt hatte, löste sich, als nun nach einigen fernen Blitzen und kurzen Sturmböen der Regen sich gleichmässig in kaum durchsichtigen Schleiern über das dürstende Land ergoss.
Wir eilten hinaus, betrachteten voller Staunen das Wunder des Regens, genossen die Himmelsdusche, dann stellten wir überall dort, wo das alte Strohdach durchlässig war, einen Tonkrug hin und retteten unsere Habe vor der ungewohnten neuen Gefahr.
Am nächsten Morgen war der Himmel wieder wolkenlos, das Land ringsum sauber gewaschen, aber gegen Abend zuckten wieder Blitze, fiel wieder Regen. Die Tornadozeit hatte begonnen, es war Zeit für unsere Heimkehr.
Unser letzter Besuch galt Truada, dem Schmied, der noch die alte Kunst beherrschte, in einem eigenartigen Ofen-Ungetüm Magnetitkörner aus dem Sand der Bergflüsse in schmiedbares Eisen zu verwandeln.

Es ist auch der Schmied, der die Zeremonien bei den Totenklagen leitet, aber auch Krankheiten heilt, Träume deutet, Diebe entlarvt, den Streit schlichtet und die Waffen und Jagdgeräte mit Zaubersalben einreibt. Er ist es, der als Fürsprecher mit den Ahnen verkehrt und mit Opfern die Götter beschwichtigt.

Und es ist wiederum Truada, der mit Hilfe von Steinen oder Krabben das Orakel befragt. In vielen Nöten und Ängsten und vor wichtigen Entscheidungen wendet man sich an den Schmied und fragt ihn, den Vermittler zwischen Menschen und Göttern, um Rat.

Von Truada wollten wir uns also verabschieden, wir kletterten zu ihm hinauf zu seinem mächtigen Gehöft am Berghang, setzten uns zu ihm, und er befragte bald die Krabbe, ob unsere Reise zurück über die Wüste und das Meer gut verlaufen werde. Oft genug hatte ich ihm ja bereits zugesehen, wie ein Ratsuchender andächtig der Deutung des Orakels lauschte und willig dem alten Mann dafür ein Huhn überreichte.

Auch ich bezahlte eine fette Henne für das, was ich dann vernahm. In einer zu zwei Dritteln mit Sand gefüllten Tonschale hatte der Schmied so viel Wasser hineingeschüttet, bis es etwa doppelte Daumennagelbreite über dem Sand stand. Dann steckte er ringsum dem Sand entlang paarweise Hirsestrohhalme ein, vielleicht zwei Dutzend Paare, Symbole für zweibeinige Menschen, und zwei dieser Hölzchen gehörten also mir.

In der Mitte der Schüssel baute er einen Turm; er schichtete allerlei Symbole auf, die er aus den Schalen zerbrochener Kürbiskalebassen geschnitzt hatte. Da war ein längliches Rechteck als Symbol für den Weg; eine Schlange, so lang wie mein kleiner Finger, bedeutete Not oder Gefahr, ein kreisförmiges Stück die Frau, meine Frau. Da waren zu einem gebrechlichen Gebilde Krankheit und Glück aufgebaut, auch Reichtum und Armut, Not und Tod, Freude und Erfolg.

Nach diesen Vorbereitungen steckte Truada die Hand durch den engen Hals eines Kruges, packte eine kinderhandgrosse Flusskrabbe, spuckte sie an, streckte sie gen Himmel und rief mit einem Zauberspruch Dzikile an, die Gottheit, die sich mit den Menschen abgibt. Er legte nun die Krabbe rücklings ins Wasser der grossen Schale und stülpte einen Korb darüber. Etwa nach einer Stunde hob Truada den Korb

Vertreter der Schmiedezunft sind sehr oft gleichzeitig Leiter der Totenkulte und – mit Hilfe verschiedenartiger Orakel – Deuter der Zukunft.

sachte weg, versorgte die Krabbe im Krug und betrachtete nun die Spuren, welche das Tier gezogen hatte. Er untersuchte die Schäden, die es in der Ordnung zwischen Menschen und Symbolen angerichtet hatte und begann sie zu deuten. Viel war nicht geschehen in dieser Zeit, während die Krabbe sich in ihrem Gefängnis getummelt und die Menschen und ihr Schicksal durcheinandergebracht hatte. Berührt hatte sie den Weg, das Glück und meine Frau, die sich ja nach mir sehnte wie ich mich nach ihrer Nähe. All die bösen Symbole, schwere Krankheit, Unglück und Not, hatte das Tier gemieden: Sie lagen unverschoben noch an ihrem alten Platz.
So sagte mir Truada eine glückliche Heimreise voraus, ein fröhliches Wiedersehen mit den Meinen. Er verhiess mir nur freundliche Dinge, nichts Böses und kein Ungemach. Und so geschah es denn auch. Die Krabbe hatte die Wahrheit gesprochen.

Geschrieben habe ich diese Seiten über das Orakel Truadas im Jahr 1953 nach meinem zweiten mehrmonatigen Aufenthalt in den Bergen Nordkameruns. Auf eine Frage hat mir damals die Krabbe keine Antwort gegeben. Ich hätte so gerne gehört, wie es den animistischen Bergvölkern, den Kirdi, in den Mandarabergen und in den Alantikas in den nächsten Jahrzehnten weiter ergehen würde. Werden sie in ein paar Jahren ihre «Fetische» bereits zerstört haben und die wunderlichen Krüge, in denen die Seelen der Ahnen wohnen? Werden sie oberflächliche Mohammedaner sein oder flaue Christen irgendwelcher Richtung, bedingt durch den Zufall, welche Mission sich in ihrer Nähe installiert? Dürfen sie als selbstbewusste, eigensinnige Bauern weiterhin in den Bergen versteckt in ihren Gehöften wohnen, oder werden sie von ihren Behörden gezwungen, in den heissen Ebenen unter öden Wellblechdächern zu leben? Oft arbeitslos oder als Industrieproletarier?
Auf all diese Fragen wusste mir seinerzeit des Schmiedes Orakelkrabbe keine Antwort, wie sich die Zukunft meines schwarzen Arkadiens entwickeln werde. Man konnte es nur ahnen.
Aber jetzt weiss ich es! Nordkamerun hat mich nach einer ersten Reise im Jahr 1952 nie mehr losgelassen. Es heisst im Sprichwort, wer einmal von einem Landstrich Afrikas gebissen worden sei, trage eine Wunde in sich, die nie mehr heile. Die Sehnsucht, zurückzukehren, werde man ein Leben lang nicht mehr los. Immer wieder bin ich in Abständen von zwei oder drei Jahren zurückgekehrt.

Das hier ist ein Erinnerungsbuch, ich werde von früher berichten; erzählen, was ich seinerzeit als anteilnehmender Wanderer vor allem in den Alantika-Bergen erlebte, aber das möchte ich in Zusammenhang bringen zu dem, was ich nun später dort vorfand und empfand.
Zweimal war ich in den Alantika, das erste Mal 1955 und nun noch einmal fünfundzwanzig Jahre später. Vermutlich waren wir auf jener ersten Reise, die man wohl eine Expedition nennen darf, nach kaum einem Dutzend französischen Kolonialoffizieren und Beamten noch die ersten Weissen, die dort über die Berge von einem kleinen Dorf zum andern gewandert sind.

Kleines Bergdorf der Koma in den Alantika-Bergen. Die Dörfer liegen unter Bäumen und in den Felstrümmern so versteckt, dass man sie leicht übersieht.

Es wird in den nächsten Kapiteln von diesen beiden Reisen ins Alantika-Bergland die Rede sein. Ein Felsengebirge, das unvermittelt rund fünfzehnhundert Meter hoch aus der Ebene emporragt. Es liegt einige hundert Kilometer südlich der Mandaraberge an der Grenze gegen Nigeria. Getrennt sind diese beiden Massive durch den Benué-Fluss, der an Garoua vorbei westwärts fliesst und dann bald Kamerun verlässt.
Die Bewohner dieser Berge, die Koma, sind kaum bekannt, und über dieses animistische Volk und ihr so schwer zugängliches Bergland gibt es ausser den Berichten ehemaliger Kolonialbeamter keine Literatur.
Im Verlauf eines halben Menschenlebens habe ich die Entwicklung Nordkameruns miterlebt. Noch immer wachsen die Berge blau aus der Ebene, noch immer leuchten an den Hängen die Mandelblüten des «Elefantenfusses», noch immer segeln Milane über den Gipfeln, rufen an den Flüsschen die Kronenkraniche ihr «Paaapen, paaapen, paaapen» und pfeifen in den Felstrümmern die Klippschliefer wie Murmeltiere.
Aber jetzt stürzte in den letzten Jahrzehnten das, was man die neue Zeit nennt, über diese Berge. Man liess den Menschen keine Zeit, sich anzupassen, darüber nachzudenken, was jetzt gut und besser sei und was nicht zuträglich sein könne. Diese Bergler leben ja nicht ohne Kultur. Solange man sie in ihrer Abgeschlossenheit in Frieden liess, waren ihnen Sippengesetze und strenge Lebensregeln Halt und Richtschnur, und ihre Abhängigkeit von den Naturkräften zwang sie zu einer tiefen Frömmigkeit. Das gilt nicht nur für die Bewohner der Alantikas, sondern allgemein für Nordkamerun.
Katastrophengleich überfällt nun der «Fortschritt» die unvorbereiteten Menschen. Das Unglück besteht darin, dass bei dieser Eile gar vieles zerstört wird, bevor es gelingt, Neues, wenn möglich Besseres aufzubauen. Und das Bedenklichste ist wohl, dass alles, was verändert wird, nie aus eigenem Drang und Bedürfnis geschieht, sondern die Folge eines Anstosses, ja Zwanges von aussen, von Fremdlingen und Obrigkeiten, ist.
Was in Europa Jahrhunderte benötigte, geschieht nun hier sozusagen über Nacht, nicht einmal im Zeitraum eines Menschenlebens. Da rattern nun am Fuss der Alantika japanische Motorräder lärmend über

Der junge Vater, Angehöriger des kleinen, kaum bekannten Volkes der Koma, wäscht seinem Sohn den Staub vom Körper.

die Pisten, und Söhne ungebildeter Bergbauern, die noch ihren Ahnen Hühneropfer bringen, lernen im Gymnasium neben Französisch weitere Fremdsprachen, zum Beispiel Spanisch und Deutsch, aber auch höhere Mathematik und Philosophie. Ist es da verwunderlich, wenn sie die Autorität ihrer abergläubischen, Hirsebier trinkenden Väter ablehnen? Junge Männer, die daheim in den Bergen meisterhaft ihre Häuser bauten und gelernt hatten, alles, was die Natur in ihrem kargen Land anbot, zu nutzen, die kraftvoll und selbstbewusst ihr Land bestellten, werden in den Städten zu fast hilflosen, ausgebeuteten Handlangern, die sich am Abend in ihrer Heimatlosigkeit mit Bier aus staatlichen

Unter den Bewohnern der Alantika trafen wir eine kraftstrotzende, selbstbewusste Jugend, welche mit den Schwierigkeiten des Lebens ohne Gejammer fertig wird.

Brauereien trösten. Ich habe erlebt, wie verloren die Burschen, die man als Hilfsarbeiter beim Bau von Staudämmen angeheuert hatte, herumhockten, wie wenig sie leisteten und wie sinnlos sie ihren Lohn vertranken. Weiss man wohl, dass in den meisten westafrikanischen Ländern das Industriezeitalter mit dem Bau von Bierbrauereien begann?

An den Landstrassen in den Touristengebieten belagern die einst so schüchternen Kinder als freche Bettler die Autos taktlos neugieriger Europäer, und manch Angepasster hat seine Würde verloren.

Selbstverständlich ist auch Erfreuliches zu berichten, manches ist besser geworden, viel Not wurde gelindert. Ich möchte nicht von einem verlorenen Paradies schwärmen. Auch bei den «unzivilisierten» Berglern herrschten Armut, Ungerechtigkeiten, Fatalismus und Feudalismus. Abhängigkeiten von Stammesgruppen wirkten hemmend, eine heile Welt gab es nie.

Aber man müsste mir einmal beweisen, dass mit dem Fortschritt, der Industrialisierung und der damit verbundenen Entwurzelung dereinst alles besser sein wird. Man müsste mir zeigen, ob denn die Menschen in den Slums der afrikanischen Grossstädte wirklich ein erfüllteres Leben führen als kleine Bergbauern oder ein selbstbewusster Nomade, der gelassen hinter seiner Herde hergeht. Ich bin nicht so sicher, ob ein Lohnempfänger in der Stadt dann wirklich glücklicher, auch zufriedener ist als ein Hinterwäldler, der gar nicht zu wissen begehrt, was hinter den Hügeln liegt.

Von den Reisen in die Alantika wird nun fürderhin die Rede sein. Auch dort hat sich allerlei, ja vieles geändert, aber gleichzeitig werde ich zu berichten haben – das ist wohl das Erstaunlichste –, dass zufolge der Abriegelung durch einen Fluss manches gleich geblieben ist. Bei vielen Fotos in diesem Buch dürfte es ohne Zeitangabe schwer sein zu entscheiden, ob sie damals oder jetzt entstanden sind. Immer noch gibt es den alten Schädelkult, man bewahrt die Hirse und die Bohnen in den gleichen Speichern auf wie einst, und der von alters her so bewährte Hausbau hat sich kaum geändert.

Ich habe alte Freunde wiedergefunden, so auch Voksi, den Chef des kleinen Bergdorfes Bimlerou. Bei ihm habe ich damals das Brauen von Hirsebier erlebt und zugeschaut, wie er auf einem horizontalen Webstuhl Leichenbänder wob. Ich habe bei ihm erfahren, welche Opfer für diesen oder jenen Zweck notwendig waren, um die Ahnen und Götter zu versöhnen oder günstig zu stimmen.

Und nun haben wir einander wiedergesehen. Wir umarmten uns und fanden beide, wir seien mittlerweile älter geworden. Seine Frauen und Söhne waren wieder wie einst daran, für ein Erntedankfest Bier zu brauen. Voksi aber bot mir als Willkommensgruss nicht trübes Hirsebier an, sondern Gin aus einer Flasche, die ihm ein dummer Europäer geschenkt hatte.

Noch immer pilgern rot geölte Mädchen kichernd und lachend in stolzer Nacktheit zum Wasserloch. Noch immer sitzen die Buben in abgelegenen Tälern als zufriedene Hirten auf Felsblöcken und zupfen die Saiten zarter Harfen oder entlocken kleinen Flöten eintönige Melodien.

Aber nicht weit davon landen Helikopter, lärmen Strassenbaumaschinen, grölt in einer Bierbar der Musikautomat und kleben an den Wänden der Amtshäuser Verbote aller Art.

Bild eines Dorfchefs. Das umgehängte Schwert ist Zeichen seiner Würde. Es ist Voksi, der Chef von Bimlerou, wie er heute aussieht. ▸

Blick vom Dorf Wangai auf die Alantika-Berge. Staunenswert ist, dass sich oben in den Felsen immer noch kleine Dorfgemeinschaften der Koma versteckt halten. ▸▸

Aus früheren Berichten

Der erste Europäer, der die Alantika-Berge erwähnte, war der deutsche Afrikaforscher Heinrich Barth, der 1851 als Begleiter einer Sklavenräuber-Karawane vom Tschadsee her noch ein Stück weit südlicher als Garoua gelangte. Damals zeichnete er vom südlichsten Punkt seiner fünf Jahre dauernden berühmten Forschungsreise aus fünfundzwanzig Kilometer Distanz die Bergkette der Alantika und notierte sich den noch heute gültigen Namen.
Merkwürdigerweise werden sie auch in einer der abenteuerlichen Geschichten von Jules Verne erwähnt. In seinem Buch «Fünf Wochen im Ballon – Entdeckungsreisen dreier Engländer in Afrika», gegen Ende des vorigen Jahrhunderts erschienen, wusste der Autor, der selber nie in Afrika war, von unserem Berggebiet nur zu berichten, es sei geheimnisumwittert und noch nie von eines weissen Mannes Fuss betreten.
Aber es ist kurzweilig, die fantasievollen Schilderungen zu lesen, besonders wenn man das Land kennt, das die kühnen Engländer überflogen hatten. Jules Verne hatte sicher alle Forschungsberichte aus dem 19. Jahrhundert über Afrika gelesen. Der Ballon flog also in der Vorstellung des Schriftstellers vom Adamaua-Plateau her nordwärts Richtung Benué-Strom, und da lese ich:
«Der Büffel wälzte sich im hohen Grase, dass er völlig unter ihm verschwand. Graue, schwarze oder gelbe Elefanten vom grössten Schlage schritten wie eine Windhose durch die Wälder, zermalmend, zernagend, plündernd, ihren Marsch durch die Verwüstungslinie kennzeichnend. Auf dem waldigen Hügelhange (er meint offenbar die Nordabhänge des Adamaua-Plateaus) sickerten Wasserfälle und Wasseradern, sämtliche in nördlicher Richtung. Dort badeten sich mit lautem Spektakel Flusspferde und Seekühe von zwölf Fuss Länge, spreizten sich an den Ufern, ihre runden, mit Milch bis zum Platzen gefüllten Zitzen gen Himmel reckend.»

Diese Aufnahme stammt aus dem Tierreservat am oberen Faro. An Stellen, wo sich an Felsriegeln das Wasser staut, leben vielköpfige Flusspferdherden.

Diesen Satz Jules Vernes von den bis zum Platzen gefüllten Zitzen der Seekühe finde ich besonders schön. Er dachte beim Wort Seekuh wohl an die wohlgefüllten Euter unserer Milchkühe. Aber Seekühe haben wir seinerzeit am Lac Léré, etwa 250 Kilometer östlich von Garoua, auch noch gesehen. Le Lamantin, ein etwa dreihundert Kilogramm schwerer Pflanzenfresser aus der Familie der Süsswassersirenen, also eine Seekuh. Das seltene Tier wäre besonders schützenswert, wird aber trotzdem gejagt und verspeist. Dass vom Ballon aus die Zitzen dieser Seekühe gesehen werden konnten, glaube ich ja nicht gerade gerne, aber die Information dieses genialen Fantasten, dass in den Seen Nordkameruns Seekühe leben, war richtig. Doch nun weiter im Text von Jules Verne:

«‹Wir treten nunmehr›, hub der Doktor (Samuel Fergusson) an, ‹in die Fussstapfen der neuen Entdecker über. Ich habe die unterbrochene Fährte der Reisenden wieder aufgenommen. Es ist das eine Schicksalsfügung, liebe Freunde. Wir werden die Arbeiten der Kapitäne Burton und Speke mit den Forschungen Barths vereinigen können. (Burton und Speke waren ehemalige Offiziere im indischen Bengalen, die sich bei der Erforschung der Nilquellen einen Namen gemacht hatten.) Wir haben Engländer hinter uns gelassen, um einen Hamburger vor uns zu sehen, und bald werden wir an den von diesem kühnen Gelehrten erreichten äussersten Punkt seiner Reise gelangen.› ... Nach zwölf Stunden befand sich die ‹Viktoria› über dem Grenzgebiet Nigritiens.

Die öden Gipfel der Alantikaberge aber zeichneten sich am jenseitigen Horizont ab, Gebirge, die noch kein Fuss eines Europäers betreten hatte und deren Höhe auf etwa eintausenddreihundert Klafter geschätzt wird. (1 Klafter = etwa 1,70 m, altes Längenmass. Jules Verne hat nur etwa 300 m zu hoch geschätzt.) Ihr östlicher Abhang bildet für diesen Teil Afrikas die Wasserscheide. Alle Flüsse münden von ihm in den Ozean. Endlich zeigte sich ein richtiger Fluss den Augen der Reisenden, und an den ungeheuren Ameisenhaufen in seiner Nähe erkannte der Doktor die Benué, einen der grössten Zuflüsse des Nigers, der von den Eingeborenen als ‹Quelle der Gewässer› bezeichnet wird.»
Der Ballon überflog dann am gleichen Tag weiter nördlich noch den vegetationslosen Felsenkegel des Mindif-Berges, der ganz unvermittelt aus der Ebene aufsteigt. Jeder Reisende, der einmal von Maroua nach Garoua gefahren ist, hat ihn gesehen. Am Fuss dieses so auffälligen Berges verbrachten die Ballonfahrer die Nacht.

Der Zufall brachte mir ein Buch aus dem Jahr 1923 auf den Schreibtisch. «Im Lande der Dju-Dju» heisst es. Darin schildert ein Oberleutnant Hermann Detzner, der in der vor dem Ersten Weltkrieg noch deutschen Kolonie Kamerun Dienst geleistet hat, seine Erlebnisse. Das erste Kapitel bereits trägt als Überschrift «Um das Alantika-Gebirge». Hier berichtet Detzner von der Überquerung des Faro am 22. September 1912, der zu dieser Jahreszeit noch Hochwasser führte. Der Faro fliesst von Süden her nordwärts und trennt einen Landstrich, das Alantika-Bergland und die Ebene am Fuss seiner Ostflanke, vom übrigen Kamerun ab. Das hat zur Bedeutung, dass dieses Gebiet wie eine Insel sozusagen sich selber überlassen blieb, sich kaum veränderte und alte Lebensformen bewahrte, weil noch heute eine Brücke fehlt. Deshalb leben Bauern am linken Ufer des Faro noch immer nicht viel anders als ihre Vorfahren, die Leutnant Detzner angetroffen hat.
Der Oberleutnant überquerte den breiten Regenzeitfluss mit einer Kolonne von mehr als dreihundert Menschen und einer Kuhherde nebst etlichen Schafen bei Tschamba (siehe Karte Seiten 180/181), ungefähr an der gleichen Stelle, die sich auch für uns 1955 und 1980 als günstig erwies.
Folgendermassen schildert der deutsche Kolonialsoldat seine damaligen Erlebnisse:
«Freilich, das Marschieren war zunächst mehr ein Rutschen und Glei-

ten, ein Suchen der Füsse nach dem bis zur Kniehöhe überschwemmten Pfad. Nur zu häufig ertönte der Ruf eines der führenden Soldaten: Achtung, Herr Leutnant, ein Loch! das dann auch mein gewandter Araberhengst vorsichtig umging. Zu uns Führenden drang jedoch allzuoft der Wutausbruch eines Soldaten oder Trägers, der auf dem schlüpfrigen Weg ausgeglitten oder in eine Vertiefung getreten war und, sich durchnässt und lehmbeschmiert wieder aufrichtend, die ganze Kolonne ins Stocken brachte.

Welchen Lärm die am Schluss einherziehende Weiber- und Kinderkolonne verursachte, konnte man von der Spitze aus nur an den Schwärmen aufgescheuchter Nashornvögel, Kronenkranichen und Enten erkennen, welche in den Niederungen nisten.»

Fünf Stunden dauerte es, bis die riesige Expedition den Faro überquert hatte, und folgendermassen wird sie geschildert:

«Unter dem Rufen und Schreien der Soldaten und Träger, dem Gekreisch der Frauen und Kinder, dem Brüllen der Rinder und Blöken der grossen Bornuschafe, dem Stimmengewirr der Fulla, Haussa,

In der Umgebung einer Kuhherde fehlen kaum einmal die kurzweiligen, blendendweissen kleinen Kuhreiher.

pidgin-englischen und deutschen Kommandos und Ermunterungsrufen wurde es geschafft. Ehe der Sonnenball hinter den tiefrot gefärbten Westwolkenfäden ganz verschwand, stand mein tüchtiger Feldwebel Förstl aus Bayern, die Uniform vor Nässe klatschend, vor mir und meldete: Alles auf dem Westufer, Herr Oberleutnant.»

Als sich damals die Kolonne des Deutschen dem Dorf Tschamba näherte und die an einer langen Stahlstange befestigte Reichsdienstflagge über den Köpfen flatterte, traf man den Dorfchef, welcher zur Begrüssung der willkommenen oder unwillkommenen Gäste entgegengeritten war. Wie sich doch alles wiederholt! Auch das habe ich noch erlebt. Damals, als ich mit dem französischen Kolonialbeamten, dem Administrator Relly, in jenem Gebiet unterwegs war, wurden auch wir von Reitern empfangen und vom Lamido, dem Dorfchef, begrüsst. Die Pferde waren festlich geschmückt und verschwanden fast unter den bunten, dick wattierten Decken. Nun wieder weiter im Text aus dem Buch «Im Lande der Dju-Dju»:

«Weit der Trägerkolonne vorausgeritten, erreichte ich den Dorfplatz, als Männer und Frauen dabei waren, über dreihundert Kalebassen Hirsebrei in einer langen Linie aufzustellen, die fertig gekochte Mahlzeit für alle meine Leute. Achtungsvoll erwiesen die mir begegnenden Weiber (immer sind es Weiber, niemals Frauen) ihrer Landessitte gemäss den Gruss, indem sie nach dem Wegrand auswichen, sich umdrehten und – den Oberkörper nach vorn gebeugt und die Hände auf die Knie gestemmt – ihre Rücken zeigten. Es waren genügend Häuser für Soldaten, Träger und Pferde geräumt, sogar ein äusserst sauberes rundes Lehmhaus, auf dessen frisch gefegtem, festgestampftem Lehmboden einige Holzschalen frischer Butter, Milch und Honig meiner als erste Erfrischung harrten, war für mich bereit gehalten.»

Ähnliches habe ich später auch mit Freund Relly erlebt. Dorfchefs liessen auch für uns etwa einmal ein Haus räumen oder bauten uns in aller Eile eine Strohhütte. Man brachte ihm, dem «Commandant» – so nannte man den Administrator –, zwar nicht Milch, Butter und Honig, sondern etwa ein Zicklein oder mindestens ein paar Hühner und Eier. Diese «schönen alten Bräuche» aus der Kolonialzeit der Deutschen wie der Franzosen sind nun allerdings glücklicherweise vorbei. Mein Oberleutnant Hermann Detzner klagte zwar im Vorwort seines Buches bewegt:

«Ein hartes Geschick, ein in der Geschichte beispielloser Raub hat uns die wertvollen Überseegebiete weggenommen. Was der lügnerische

Feind nicht zu stehlen vermochte, ist jedoch die lebendige Erinnerung an jene kurz zurückliegenden Jahrzehnte, in denen das deutsche Herz im Gewande des Kaufmannes und Missionars, des Offiziers und des Arbeiters, des Beamten, Pflanzers und Forschers zu den schwarzen Völkern hinauszog und das Wunder vorbereitet hatte, dass Abertausende unserer andersfarbigen Schutzbefohlenen für dieses deutsche Herz über vier Jahre litten und stritten, fielen und starben, und noch heute, ja mit verstärkter Kraft nach unserer Wiederkehr rufen. ...

Nicht viel anders als der deutsche Kolonialoffizier H. Detzner 1912 in Tschamba ▸ empfangen wurde, erlebten wir es mehr als vierzig Jahre später ebenfalls.

Ein mittelalterliches Bild. An Paraden anlässlich von Festen tauchen beim Lamido von Tschamba sogar noch Kettenpanzer auf.

Überhört nicht die aus allen Kolonien schallenden Sehnsuchtsrufe der Eingeborenen nach der Wiederkehr des deutschen Herzens.»
Nun, der Gute hat vielleicht doch noch erlebt, dass die schallenden Sehnsuchtsrufe der Kameruner während der Franzosenzeit dann vielleicht doch nicht den deutschen Herzen gegolten hatten, sondern der Freiheit und der Befreiung von jeglichem Kolonialismus. Dies ist ja, wie man weiss, im Jahr 1960 endlich erreicht worden.
In diesem eben zitierten alten Buch fand ich übrigens nirgends eine Bemerkung, dass in jener Zeit ein Deutscher die Ebene am Fuss der Alantika verlassen hätte und in die geheimnisvollen Berge hinaufgestiegen wäre.
Erst im Jahr 1923 soll dann der erste französische Kolonialoffizier die Bergdörfer der Koma besucht haben, aber es dauerte noch bis zum Jahr 1930, bis die ungebärdigen Bergler endgültig einsahen, dass sie nicht mehr wie früher von Zeit zu Zeit hinuntersteigen durften, um die Dörfer der ackerbauenden Talbewohner zu plündern und zu verbrennen.

Henri Relly, der Administrator von Poli

Nun ist es endlich Zeit, zu berichten, wie ich im Jahr 1955 dazu kam, die Alantika zu entdecken und kennenzulernen. Es ist eine lange Geschichte, und zurückblickend wundere ich mich oft, was für glückliche Zufälle mich immer wieder zu neuen Unternehmen führten. Bei einem kurzen Aufenthalt unterwegs in den Kongo im Jahr 1950 hatte mich in Fort Lamy, dem heutigen N'Djamena, ein Veterinär auf einen Ausflug den Chari hinunter in Richtung des Tschadsees mitgenommen, den ich in diesem Jahr noch nicht zu Gesicht bekommen hatte. Aber der Tierarzt schwärmte vom See und den Inselbewohnern, den Buduma, die Meister sind im Bau von Papyrusbooten. Er erzählte von der Natrongewinnung im Nordende des Sees, und so entstand der Plan einer Tschadsee-Expedition.

Im Jahre 1952 war es dann soweit; wir durchquerten zu dritt in einem abenteuerlichen Boot mit Monsieur Cucus und ein paar schwarzen Burschen den See, reisten auf Kamelrücken zu den Natrongruben und dann über den See wieder zurück in die Landeshauptstadt. Dort bändelte ich in einem kleinen Tropenhotel am Chari mit einem Vertreter der Firma Liebig an, die Suppenkonserven fabriziert. Der Liebigmann suchte Viehzuchtgebiete, offenbar um zu Fleisch für die Fabrikation von Ochsenschwanzsuppen zu kommen, die ich übrigens gar nicht mag. Er schwärmte von den «Kirdi» in einem Bergland in Nordkamerun, damals hörte ich zum ersten Mal den Namen «Mandara». Da wir noch zwei Wochen zur Verfügung hatten, fuhren wir am Ende unserer Tschadsee-Reise hin, und ich sah zum ersten Mal die in den Felsen versteckten Gehöfte der Bergbauern und entdeckte den Reduktionsofen der Schmiede, der «Eisenkocher», die das, in den Augen der Einheimischen, Wunder vollbringen, schwarzen Sand in schmiedbares Eisen zu verwandeln.

Bereits im nächsten Jahr war ich mit einem jungen Basler Ethnologen

wieder in den Mandarabergen, und seither bin ich neunmal dorthin in jenes Land der blauen Berge zurückgekehrt, von denen ich immer träumen werde.
Hätte mir damals, 1953, nicht einer erzählt, dass ich unbedingt an den Logone reisen müsse, wenn ich mich doch für Vögel interessiere, wie er bemerkt habe, hätte ich niemals Monsieur Relly kennengelernt, der damals Administrator von Yagoua war. Er wurde dann ein Jahr später Administrator der Subdivision von Poli. Zu diesem Bezirk gehören die Alantika-Berge, die ihn so begeisterten wie mich hernach. Und da er den glücklichen Einfall hatte, mir von dieser unberührten Landschaft zu schwärmen und mich einzuladen, mit ihm eine Reise durch die Bergdörfer der Koma zu unternehmen, packte ich eines Tages wieder meine Koffer. Diese Kette von Begegnungen, die eigentlich bereits 1948 mit einer fast zufälligen Sahara-Reise begann, brachte mir also die Begegnung mit einem noch heute kaum bekannten Landstrich am linken Ufer des Faro und dem geheimnisumwitterten Bergland Alantika, dem Thema dieses Buches.

Da ich diese Erlebnisse vor allem Freund Relly verdanke, der leider vor einigen Jahren kurz nach seiner Pensionierung gestorben ist, möchte ich vorerst von diesem kurzweiligen, leicht kauzigen Elsässer berichten, der als französischer Kolonialbeamter Jahrzehnte in verschiedenen Gebieten Kameruns verbracht hatte.
«Je suis fonctionnaire, donc je fonctionne», das war einer seiner Sprüche, wenn er Befehle von «oben» ausführen musste, die ihm oft gar nicht behagten; Befehle, die er als falsch empfand und die gegen die Interessen seiner «Schützlinge» gerichtet waren.
Auch nach der Unabhängigkeit wirkten im Norden Kameruns noch während einiger Jahre in den Verwaltungsbezirken, den «Divisions» und «Subdivisions», als Beamte Franzosen. Jetzt heissen diese Bezirke Départements und Arrondissements, die Verwalter wären die Präfekten und Unterpräfekten, aber noch immer sprechen die Menschen wie zur Franzosenzeit vom «Commandant». Längst sind nun die Franzosen durch Kameruner ersetzt, und es entspricht der geschickten Politik des Ministerpräsidenten Ahmadou Ahidjo, dass diese wichtigen Posten im Norden ausschliesslich von Angehörigen angesehener Familien aus

Erdnüsschen sollen eingelagert werden. Relly erklärt dem Mann das Zählsystem. Für jeden Sack, der hineingetragen wird, ist ein Holz zur Seite zu legen.

Nordkamerun besetzt sind. Es sind Mohammedaner, denn nirgends im Norden liebt man die «Sudistes», Menschen aus dem Süden, die ganz andern Ethnien angehören und sich in ihren Ansichten und ihrer Lebensart von denen im Norden so stark unterscheiden. Das ist ja das Kreuz in diesen Ländern, Grund so vieler Schwierigkeiten, dass die seinerzeit gezogenen künstlichen Grenzen von Norden nach Süden verlaufen, während die Volksstämme über die Grenzen weg oft quer zueinander verwandt sind.

Folgendermassen verlief damals die erste Begegnung mit Relly: Ich fuhr mit meinem damaligen Begleiter namens Franz in einem gemieteten lendenlahmen Lastwagen auf einem zweitägigen Ausflug von den Mandarabergen her dem Ufer des Logone entlang abwärts und nordwärts. Wir stiessen auf einige armselige, unordentliche und uninteressante Dörfer, freuten uns aber um so mehr an den riesigen Scharen von Kranichen, die auf den abgeernteten Hirsefeldern weideten, und an den zahllosen Vögeln aller Art, welche die Sandbänke des Flusses bevölkerten.
Da trafen wir an der Piste unter einem Schattendach Monsieur Relly. Er sass an einem kleinen Tisch vor dicken Büchern und war mit einer Volkszählung beschäftigt. Typus des alten Kolonialbeamten, der pro Monat nur etwa zehn Tage bei seiner Familie auf dem Posten weilte, meistens aber in der «Brousse», der Wildnis, unterwegs war. Er war hochgewachsen, hager, braungebrannt, trug einen breiten Schlapphut, einen hundertfach gewaschenen verblichenen Khakianzug und war unrasiert. Dafür entschuldigte er sich, strich sich mit der Hand über die groben, weissen Stoppeln und erklärte, Besuch habe er wirklich nicht erwartet. Wir hatten uns unsrerseits zu entschuldigen, denn auch wir hatten es an diesem Morgen nicht für nötig gefunden, das öde Geschäft zu besorgen.
Der Kontakt war sofort herzlich. Relly freute sich über die Abwechslung, und als er hörte, dass wir aus Bern stammten, sprachen wir im Schweizer Dialekt weiter und er in seiner heimatlichen Sprache, denn zu unserm Vergnügen stellte sich heraus, dass er Elsässer war und in Thann, nahe der Schweizer Grenze, aufgewachsen. Seine Vorfahren namens Roelli seien einst aus Grindelwald ins Elsass ausgewandert, vernahmen wir noch, und im Verlaufe der Zeit seien aus den bernischen Roellis elsässische Rellys geworden. Ich schlug vor, später gemeinsam das Mittagsmahl einzunehmen, dann fuhr der Beamte in

seiner Arbeit weiter, und wir schauten ihm eine Weile zu. Wir befanden uns dort am Logone im Gebiet der Musgum, eines kleinen Bauern- und Fischervolkes. Neben Relly sass auch der Chef aller Musgum, ein wohlbeleibter, etwas träger alter Herr, der in einem Lehnstuhl döste. Auch seine Notabeln waren anwesend, um beim Zählen und Einschreiben behilflich zu sein. Sie waren in helle, weite Gewänder gekleidet, während die Männer, die da gezählt wurden, eher spärlich bekleidet an der Sonne sassen und mit unbegreiflicher Geduld warteten, bis einer nach dem andern aufgerufen wurde, Auskunft über seine Familie und die Anzahl der Büffel zu geben.

Volkszählung. Neben dem Administrator Relly sitzt der damalige Chef aller Musgum, eines kleinen Bauern-und-Fischer-Volkes am Logone.

Kronenkraniche und Sporengänse am Logone. Wenn gegen Ende der Trockenzeit die Sümpfe ohne Wasser sind, versammeln sich zahllose Vögel am Fluss.

Dann reisten wir doch noch einige Kilometer weiter zu einem Sumpf, wo wir Sporengänse vermuteten, und kehrten am Mittag zum Volkszählungsplatz zurück. Als wir wieder mit Monsieur Relly zusammentrafen, fuhr ich mir verlegen übers Kinn. Wohl hatte ich angeregt, gemeinsam zu essen, aber jeder aus seinen Vorräten, doch nun wurden wir hier irgendwo in der Wildnis in einer schattigen Strohhütte an einen sauber gedeckten Tisch gebeten. Rellys Boy Minjem hatte ein umständliches Essen hingezaubert. Da sassen wir im Land der Musgum, tranken den unvermeidlichen Apéritif, erhielten eine Vorspeise, dann gebackenes Huhn und Kartoffeln, die damals noch kaum aufzutreiben waren. Der Salat fehlte so wenig wie irgendein Stück Käse, es gab Papaia und Büchsen-Ananas und natürlich den schwarzen Kaffee obendrauf.

Blinzelte ich in die helle Landschaft hinaus, über der die Hitze zitterte, so ging vielleicht ein nackter Mann dahin mit geschulterter Lanze, ritt ein Kavalier von der Volkszählung heim oder balgten sich nackthalsige Geier um ihre Beute. Welche Kontraste! Tischtuch und Lendentuch, silbernes Besteck und scharfe Lanzen, kalifornische Büchsenfrüchte und Erdnüsschen, die eine Frau mit kleinen Lippenscheiben in einer Kürbisschale auf dem Kopfe trug.

So begann damals eine Freundschaft, die viele Jahre dauern sollte. Während eines Europa-Urlaubes besuchten uns die Rellys in Bern, ich habe in ihrem elsässischen Heim die reichen Sammlungen aus dem Kameruner Grasland bewundert, und auch noch nach seiner Pensionierung haben wir uns regelmässig geschrieben.

Relly war ein leidenschaftlicher «Afrikaner», der nur dann ganz glücklich war, wenn er im «Busch» lebte. Er liebte seine Arbeit, und obschon er – wenigstens in meinen Augen – doch recht streng war, mochten ihn auch seine Untergebenen, die in den Büros und in den Werkstätten, die wohl spürten, dass er stets auf ihrer Seite stand, obschon sie ja nicht immer begriffen, was er von ihnen verlangte oder fordern musste. Er war immer darauf bedacht, die Armut zu bekämp-

Aasgeier, notwendige Gesundheitspolizisten, aber man mag sie nicht. Böse scheint einem der Blick, zerzaust ist das Gefieder und widerlich der nackte Hals.

fen und das Leben seiner Leute zu verbessern. Vielerorts hatte er die Erdnussernte verdoppelt, sicher mit mehr oder weniger sanftem Druck, er hat Brunnen gebaut, Pisten verbessert, Krankenstuben eingerichtet, uneinsichtige Väter gezwungen, die Kinder zur Schule zu schicken, dort, wo es überhaupt Schulen gab.
Relly gehörte zur alten Garde der Kolonialbeamten, denen die drei oder vier Monate Ferien alle fünfundzwanzig Monate meistens fast zu lang wurden, weil sie sich in der alten Heimat nicht mehr wohl fühlten. Obschon er sich mit den Schwarzen oft herumbalgte, war er ihnen herzlich zugetan. Aber wie das damals – übrigens vielerorts auch heute noch – selbstverständlich war, fühlte er sich um einen Rang höher, überlegen, nicht wegen seiner Macht als Beamter, sondern eben, weil er ein Weisser war. Er war der gute Onkel, der seine kleinen Neffen ganz gut mochte, sie aber nicht als ebenbürtig betrachtete.
Die Boys, die während Jahren in seinem Dienste standen, liebten ihn – ich glaube, das Wort ist nicht übertrieben –, obschon er sie manchmal fürchterlich beschimpfte, wenn sie liederlich gearbeitet hatten. Da war Joseph, der Koch, den ich nun auf meiner letzten Reise als Besitzer einer grossen Nachkommenschaft und einer kleinen Bierbar wiederfand. Oder Minjem, der Unentbehrliche, der den Chef auf allen seinen Reisen begleitete. Seine Uhr, die ihm der Patron geschenkt hatte, ging immer eine Viertelstunde vor, weil er stets früher aufstehen müsse als der Commandant. Minjem wagte es, obschon er ja so viel jünger war, Relly anzuraten, sich wieder einmal zu rasieren, er sehe nicht mehr hübsch aus, oder er drängte ihn, endlich sein schmutziges Taschentuch gegen ein sauberes umzutauschen. Der Boy war unterwegs stets munter und kurzweilig und vor allem tüchtig und umsichtig. Ihn habe ich nicht mehr getroffen, aber man berichtete mir, er gehöre nun zum Personal des Gouverneurs von Nordkamerun. Der lebhafte Bursche, der nie zur Schule gegangen ist, hat es also weit gebracht.
Von Relly habe ich manch heitern Spruch notiert: «Die Soûlographie, Allah sei's geklagt, ist leider zu sehr entwickelt», schimpfte er, wenn nach einem Bierfest seine Leute am nächsten Tag nicht zu gebrauchen waren. Soûlographie – man ahnt, was es bedeutet, denn es hängt mit *se soûler* (sich besaufen) zusammen. Oder er erklärte, nachdem wir eines Tages nach einem mühseligen Marsch recht mitgenommen in einem

Freundlicher, leicht beschwipster Bauer. Man findet manchen Grund, ein Fest zu feiern, aber dazu gehört sicher das Vergnügen, Hirsebier zu trinken.

Koma-Dörfchen angekommen waren, als Trost: «Les voyages forment les hommes et déforment les pantalons» (Reisen formen den Mann und deformieren seine Hosen).
Er hätte eigentlich oft Grund gehabt, sich über die Begriffsstutzigkeit seiner Untergebenen zu ärgern, aber er tröstete sich folgendermassen: Sie sind, wie sie sind, aber wären sie nicht, wie sie sind, so wären wir, die Franzosen, längst nicht mehr hier.
Dem Ehepaar Relly wurden keine Kinder geschenkt, aber das behagte ihnen nicht, und so sorgte er dafür, dass seine Frau – eine tüchtige und charmante Hausvorsteherin, die aus der Bretagne stammte – während der vielen Wochen seiner Abwesenheit doch eine fröhliche und sinnvolle Beschäftigung hatte. Die Rellys adoptierten zwei Französlein, einen Buben und ein Mädchen, die in Afrika aufwuchsen, in den Schulstuben meistens die einzigen Weissen waren und dabei prächtig gediehen.
Unterwegs pflegte Relly eine merkwürdige Leidenschaft. Zu seinem Gepäck gehörte auch ein Radioempfänger, der wie all die Kisten und Säcke auf dem Kopf eines Trägers durchs Gebirge geschaukelt wurde. Aber ihn interessierten am Abend, wenn er an den Knöpfen drehte, weder ein Konzert noch die Nachrichten, die sowieso schlecht seien, sondern bloss die Börsenkurse. Während ich beispielsweise zuschaute, wie einer andachtsvoll aus den Früchten des Strophantus-Strauches sein Pfeilgift braute, sass er vor seinem Apparat, notierte die Kurse, verglich sie mit Zahlen in seinem Büchlein, rieb sich die Hände oder schnitt ein enttäuschtes Gesicht. Und wenn wir wieder auf dem Posten waren, schickte er seinem Makler in Paris Telegramme. Ich nehme an, Monsieur Relly sei nicht als armer Mann gestorben.

Als wir zu zweit im Jahr 1955 die Reise in die Alantika antraten, holte uns Relly in Garoua auf dem Flugplatz ab. Franz war ein bewährter Gefährte, der auf meinen ersten Afrika-Unternehmungen stets dabei war. Von Beruf Historiker und wissenschaftlicher Leiter einer Bibliothek, also genau mit der richtigen Ausbildung für eine ethnographische Expedition...
Gemeinsam und unter des erfahrenen Rellys Kommando kauften wir all das, was man nötig hat, um «draussen» leben zu können. Wir gingen von einem Handelshaus zum nächsten. Eigentlich führten alle ungefähr die gleichen Waren, aber hier fehlte vielleicht gerade eine Selbstverständlichkeit wie Zündhölzer, und dort war der Zucker oder die Seife

ausverkauft. So eilten wir also von der KING zur SCOA, von der SCOA zur FAO, von der FAO zur SCIAHO und noch einmal zurück zur KING. Eine Pest, die Abkürzungen! So heisst SCIAHO – ein Dummkopf, der es nicht sofort merkt – schlicht Société Commerciale, Industrielle et Agricole du Haut Ogooué, und die paar Buchstaben, an einem Haus angebracht, das wir suchten, CCDLFOM – man errät es leicht – bedeuten Caisse Central de la France d'Outre Mer. Dort erstanden wir uns ein Bündel druckneuer Banknoten und etwa zwanzig Kilogramm Geld in kleinen Münzen.

Dann kauften wir Feldbetten und Moskitonetze, Sturmlaternen und Kochpfannen, Teller und Löffel. Trinkgläser fanden wir keine, also behalfen wir uns mit dem Kauf einer Unmenge in Gläser abgefülltem Senf. Wir kauften eine Flasche Sirup und ein paar Flaschen mit kräftigerem Inhalt, eine Kiste voller Konserven, einen Sack Reis, ein Fässchen Mehl zum Brotbacken, aber die «Levure» dazu hatten wir vergessen. Wir kauften zum Verschenken ein Kistchen Tabak, einen Doppelzentner Salz und neun Pfund Glasperlen.

All das packte Relly in seinen kleinen Lastwagen, und das, was wir vergessen hatten, auch Selbstverständliches, war dann später nicht vorhanden und nirgends aufzutreiben.

Poli, Land der Tauben

Poli, den Hauptort eines Arrondissements gleichen Namens, erreicht man von Garoua aus nach einer Fahrt von etwa hundert Kilometern ohne Schwierigkeiten. Das grosse Dorf liegt in einem sehr hübschen Berg- und Hügelland eingebettet, das besonders nach den ersten Regen Ende April mit seinem satten Grün der Weiden und den vielen blätterreichen Bäumen den Wanderer entzückt. Die Gehöfte der Bauern vereinigen sich zu kleinen Weilern, die in einer kurzweiligen Parklandschaft liegen. Die Berge von Poli sind vor allem das Wohngebiet der Doayo und einiger anderer kleinerer Volksgruppen.

Die höchsten Gipfel der Poli-Berge liegen über zweitausend Metern, und sie tragen seltsame Namen: Hosoré Bourba und Hosoré Dogba, Hosoré Boumba und Hosoré Mango, oder Hosoré Gombo und Hosoré Riga. Hosoré ist mit «Berg» zu übersetzen. Poli bedeutet «Tauben», wir lebten also im Land der Tauben, und die heitern Vögel bevölkerten wirklich Bäume und Sträucher und Büsche, die auch im Dorf nicht fehlten. Sie gurrten, wie es sich für sie geziemt, sie lockten und riefen munter «Barbara, Barbara» durchs Land. Unter den Doayo des Ortes leben vor allem zugewanderte Fulbe; die Funktionäre der Obrigkeit aber sind sehr oft Leute aus dem Süden.

Seinerzeit waren wir vor und nach unserer Reise in die Alantika Gäste der Familie Relly, so wohnten wir bei ihr in einem wundervollen geräumigen alten Haus im Kolonialstil mit einem mächtigen Dach. Auch ohne diese so lästigen, heute überall gebräuchlichen Air-Condition-Maschinen litt man in diesen Häusern kaum unter der Hitze.

Am Morgen wurden wir durch die Claironstösse eines strammen Goumiers – eines Soldaten – geweckt, und wir lernten bald seine kurzen Melodien unterscheiden, wie sie wohl noch heute in allen Kasernenhöfen Frankreichs ertönen. Wir wussten, was Tagwache, Fahnenaufzug oder Arbeitsbeginn auf dem Posten bedeutete.

Madame Relly stand umsichtig einem grossen Haushalt vor. Da war Joseph, der unvergleichliche Koch, der am ersten Sonntag ein Spanferkel auf den Tisch brachte. Minjem, der Boy, der uns voller Vaterstolz seine kleine Tochter Jacqueline vorstellte, öffnete auf Geheiss seines Meisters zu diesem Ferkel eine Flasche elsässischen Gewürztraminers und dann noch einen Riesling. Zum Hauspersonal gehörte noch Impôt, der zweite Boy, der zu Hause blieb, wenn Minjem mit dem Commandant auf Reisen war. Ich habe nie herausgebracht, wie der Bursche zu diesem unglücklichen Namen gekommen ist. «Impôt» heisst Steuer oder Abgabe.

Joseph, der tüchtige Koch bei den Rellys. Ihn habe ich fünfundzwanzig Jahre später wieder gefunden (siehe Bild Seite 60). Links von ihm ist Nanuna, ein Gefangener.

Es fehlt in meiner Aufzählung noch der Wäscheboy, der mit einem riesigen Holzkohleneisen fachmännisch bügelte, was er ein paar Stunden früher gewaschen hatte. Im Garten arbeiteten drei Gefangene, die dafür sorgten, dass weder Salat noch frisches Gemüse fehlten. Das war damals noch gar nicht so selbstverständlich. Besonders stolz war Relly auf einen kleinen Bananenhain. Ich glaube, er war es, der in jener Gegend die Banane eingeführt hat. Jedenfalls ermunterte er überall die Dorfchefs, sie anzupflanzen.

Der gute Geist des Hauses war Nanuna, ein alter Mann, der überall zum Rechten sah, den Hausplatz kehrte, die Katzen fütterte und unentbehrlich war. Er, ein freundlicher Mörder, war als «Lebenslänglicher» verurteilt worden. Tagsüber arbeitete er bei den Rellys, und am Abend liess er sich nach der Feierabendmelodie des Clairons über Nacht im Gefängnis einsperren. Als seinerzeit Nanunas Frau ohne sichtbaren Grund verstorben war, ging er, um die Ursache des jähen Todes zu erfahren, zum Zauberer. Der schnitt aus dem Leichnam ein Stück der Eingeweide heraus, trocknete sie auf einem Fell, zerstiess sie

Ein Garten in Poli. In der Trockenzeit muss täglich gewässert werden. Mit einem ausgeklügelten Kanalsystem wird jedes der kleinen Gartenbeete mit Wasser gefüllt.

Die Banane gewinnt nun auch in den Nordprovinzen Kameruns als Nahrungsmittel an Bedeutung. Aber sie gedeiht natürlich nur, wenn es genügend Wasser gibt.

in einem Mörser zu einem Pulver und las darin, dass ein Mann im Nachbardorf mit Hilfe des bösen Blickes die Frau umgebracht habe. Da ging Nanuna in seiner Trauer und Wut hin und erwürgte den «Mörder». Nun hatte er bereits zwölf Jahre seiner Strafe abgesessen, und Relly erklärte, in etwa drei Jahren werde man den stets zufriedenen Mann vorzeitig entlassen und in sein Dorf zurückschicken.

An jedem Morgen ging ein riesiger Goumier mit armseligen Gefangenen an den Fluss, und auf dem Rückweg rollten sie ein paar Metallfässer mit Wasser zu Rellys Haus. Es war damals überall üblich, dass man die Gefangenen für den Commandant und seine Beamten arbeiten liess. So kam man zu wirklich billigen Hilfskräften, denn sie zu bezahlen gedachte niemand. Viel hat sich daran noch immer nicht geändert.

In Poli rückten jeweils am frühen Morgen die Gefangenen aus, Strassenräuber, tüchtige Diebe oder junge Burschen, die betrunken bei

einer Schlägerei einen andern umgebracht hatten. Jede Gruppe wurde von einem Goumier bewacht, der sich ein ungeladenes Gewehr umgehängt hatte. Ich bedauerte die armen Kerle lebhaft, aber Relly, der Spötter, entgegnete mir, sie hätten den besseren Lebensstandard und seien besser ernährt als mancher Bergler, und ihre grösste Strafe bestehe darin, dass sie sich täglich waschen müssten...
Da fällt einem doch die Geschichte ein vom Sträfling, der nach der Verbüssung entlassen wird und nun traurig fragt, was er denn falsch gemacht habe, dass man ihn wegschicke.
Aber ich erinnere mich auch an die alte Frau, die einmal beim Präfekten von Mokolo klagte, die Welt sei ungerecht. Sie hätte ihren Mann verloren, ihre Hirsefelder seien nun brach, sie hungere, aber dem Mörder ihres Mannes gebe der Commandant täglich den Hirsebrei, und er lasse den Übeltäter unter einem regendichten Dach schlafen. Ihr aber helfe niemand, das brüchige Strohdach zu flicken, so jammerte sie. Nun, manchmal hat man sogar bei uns den Eindruck, dass wir den Täter mehr bemitleiden als das Opfer.

Der Hauptort des Arrondissements von Poli liegt eingebettet in Bergen, die da und dort die Zweitausend-Meter-Grenze überschreiten.

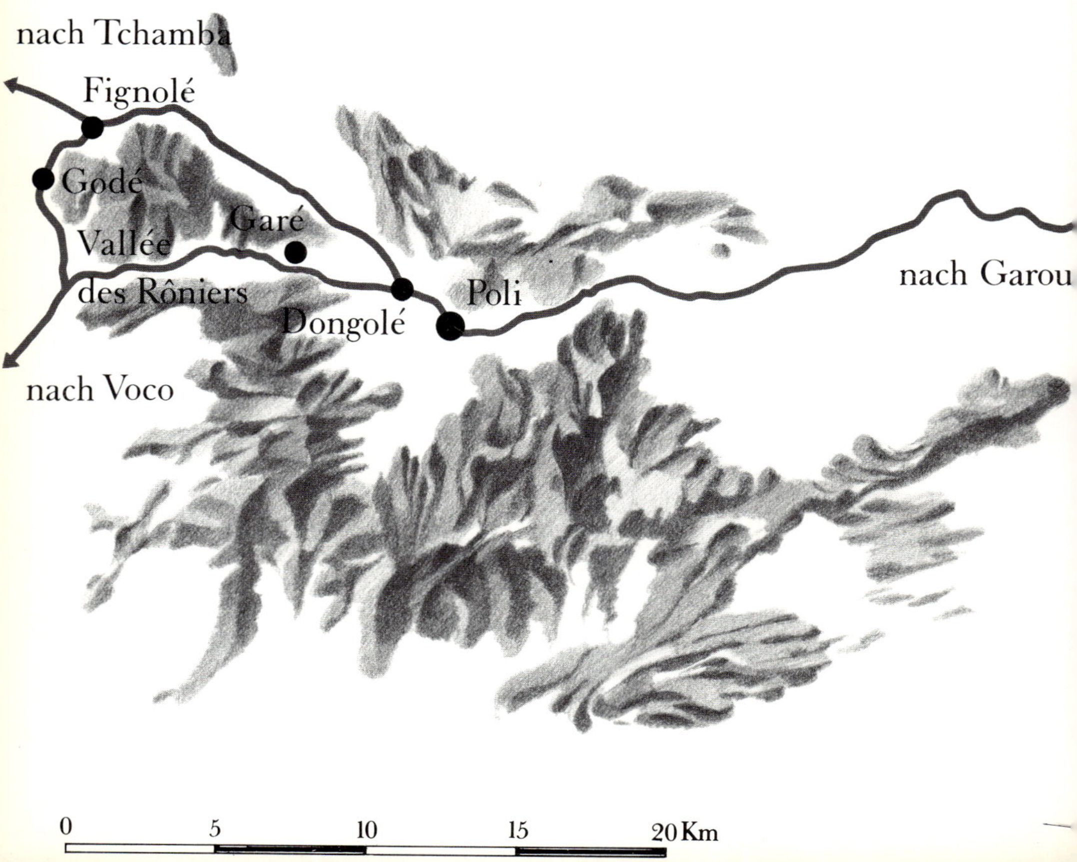

Ausser den Rellys wohnten 1955 in Poli noch das französische Lehrerehepaar Benoist und der amerikanische Presbyterianer-Missionar Matthres mit seiner Frau. In der katholischen Mission am Rand des Dorfes waren einige wenige Patres und Schwestern tätig. Pasteur Matthres und seine Frau lebten seit der Gründung ihrer Station bereits dreizehn Jahre im Ort, als ich sie kennenlernte. Weniger aus Frömmigkeit denn aus Höflichkeit und Neugierde wohnten Franz und ich in ihrem neuen Kirchlein einem Sonntagsgottesdienst bei, verstanden aber wenig. Der Pastor predigte in der Sprache der Fulbe, liess alles aber noch in den Dialekt der Doayo übersetzen, und ab und zu sprach er auch einige Sätze französisch zu den Funktionären aus dem Süden. Nur Missionare, die in der Regel Entwicklungshilfe betrieben, bevor dieser Begriff zum Schlagwort geworden war, konnten sich mit ihren Gemeinden in einer Landessprache unterhalten, während beispielsweise Relly wie die allermeisten seiner Kollegen sich nie die Mühe genommen hatten, eine afrikanische Sprache zu lernen.
Wir sassen also damals auf einem harten Brett, das über Ziegelsteine gelegt war, und sangen aus dem vervielfältigten Gesangbüchlein in Fullani mit den andern «Grosser Gott, wir loben Dich!».
Im Tagebuch von Franz finde ich die folgenden netten Sätze:
«Die Frau Pfarrerin ist eine typische Amerikanerin von der weniger hübschen, uneleganten Sorte. Das Gemischteste und Gegensätzlichste aber war das Publikum. Da sassen die Evolués – wörtlich die Entwikkelten – in schönen europäischen Anzügen mit entsprechenden Frauen. Auch ich hatte zum ersten Mal seit Europa wieder einmal eine Krawatte umgebunden und meine Schuhe gewichst. Dann die Fulbefrauen mit als Röcke umgewundenen Baumwollstoffen mit kräftigen, aber oft seltsamen und immer farbenprächtigen Mustern. Und daneben sassen viele Doayofrauen mit ihrem gar spärlichen Blätterkleid. Es gab welche, die ihre Kinder säugten, und viele Kinder, die ihrem Alter entsprechend Lärm machten und ohne Scheu herumwanderten.»
Relly behauptete, die Missionare der beiden Richtungen verstünden sich ganz gut, man lade sich zum Beispiel auf Weihnachten oder Neujahr gegenseitig ein. Ich traute diesem Frieden, gewitzigt durch andere Erfahrungen, wenig und liess mir meine Zweifel vom Lehrer Benoist, der den Patres wie den Pfarrern das Recht zu ihrer Tätigkeit kurzerhand bestritt, bestätigen.
Da wollte der Amerikaner in einem nahen Dörfchen eine Schule einrichten. Als der französische Pater davon hörte, ging er sofort hin

und überredete den Dorfchef, doch auch einem seiner Katecheten das Recht zu geben, ein paar Buben Lesen und Schreiben beizubringen. Ging der Presbyterianer regelmässig irgendwohin, das Evangelium zu predigen, holte der katholische Missionar dort aus diesem Dorf ein paar Schüler in sein Internat. Solcherart waren die Müsterchen, die mir der Lehrer erzählte.

Über diesen Konkurrenzkampf um Seelen habe ich mich in Afrika oft geärgert, und jetzt hörte ich auf meiner letzten Reise gar, dass evangelische Prediger mit einem Helikopter in die Bergdörfer der Alantika fliegen, um die katholischen Missionare zu überflügeln, buchstäblich zu überflügeln.

Der Lehrer Benoist war eine interessante Persönlichkeit und ein weitgereister Mann. Er hatte nicht nur in verschiedenen Schulen Nordkameruns unterrichtet, sondern auch im Niger, in Dakar und Djibouti, und besonders gerne erzählte er von den Jahren, die er in Tahiti verbracht hatte.

Benoist gehörte sicher zur grossen Schar derjenigen, die sich in Europa kaum mehr zurechtfinden, wenn sie Jahrzehnte in den Tropen verbracht haben. Er schimpfte zornig wie so mancher – übrigens auch Relly –, dass man zu Hause in Europa mit all den Besserwissern nicht mehr über Kolonialprobleme sprechen könne. Damals regten sich in allen afrikanischen Ländern die Freiheitsbewegungen immer ungestümer, und man begann zu begreifen, dass man den Kolonien die Unabhängigkeit geben müsse.

Man werde nun als Imperialist und Ausbeuter beschimpft, während man doch sein Bestes leiste, um zu helfen. Ich hörte ihm jeweils höflich zu, ohne ihn durch Widerspruch zu sehr zu reizen, musste ihm aber natürlich auch recht geben, dass es eine wirklich zu einfache Betrachtungsweise ist, wenn man alles, was in der Kolonialzeit passiert ist, verdammt.

Relly lag die Rinderzucht besonders am Herzen. Er sah darin die Zukunft seines Distriktes, denn in den Hügeln rund um Poli fehlte es nirgends an gutem Weideland. In dieser Gegend, so weit im Süden, sind die Regenfälle sicherer und ergiebiger als in den Mandarabergen, die noch fast zur Sahelzone gehören. Die Doayo besitzen nicht buckli-

Im Bergland von Poli findet sich viel offenes, saftig-grünes Weideland. Hier züchtet man eine kleine Rinderrasse, die der Schlafkrankheit widersteht.

Henri Relly, in einer elsässischen Bauerngegend aufgewachsen, nahm sich sehr der Rinderzucht an. Einige der Kuhglocken haben wir ihm aus der Schweiz geliefert.

ge Zeburinder, sondern schlafkrankheitsresistente Tiere mit geraden Rücken. Relly unternahm auch Zuchtversuche, er hielt sich mit einem Oberhirten eine grosse Musterherde von formschönen Tieren, hellbraunen, wirklich hübschen Kühlein. Er veranstaltete Kurse für die Tierhalter und bildete Buben zu guten Hirten aus. Bereits vor unserer Ankunft hatte er bei mir Kuhglocken bestellt und sich aus Konservenbüchsen weitere gebastelt. So begegneten wir jeweils seiner Herde, die sich wie im schweizerischen Mittelland mit fröhlichem Gebimmel ankündigte. Eine der Glocken, die wir geschickt hatten, war offenbar für die kleinen Tiere zu schwer, jedenfalls trug sie der Oberhirte um seinen Hals gehängt, wenn er der Herde vorausging.
Relly hatte den Kopf stets voller Pläne. Ihm gefiel das Bergland von Poli, und er verhandelte sogar einmal mit Hotelfachleuten und träumte davon, in einem der lieblichen Täler komfortable Touristengasthäuser zu bauen. Zum Glück ist es nie dazu gekommen.

Webstuhl der Doayo. Die Kettenfäden sind zehn bis zwanzig Meter lang ausgespannt, und der Mann rutscht nun mit seiner Webeinrichtung der Kette entlang. ▶

Noch heute gibt es in Poli nicht einmal die armseligste Herberge. Vom lärmigen Betrieb verwöhnter Touristen ist Poli, das Land der Tauben, immer noch bewahrt geblieben. In Rellys altem Haus wohnt nun der Adjoint des Präfekten. Uns hat er zum Übernachten die gedeckte Terrasse eines verlotterten Hauses zugewiesen.

Der kleine verschlafene Ort bot bereits damals wenig Anregung und Abwechslung, nur die Handwerker, die Färber und Weber, faszinierten mich. Mit ihnen habe ich mich sehr eingehend abgegeben, ohne zu ahnen, dass ich ein Dutzend Jahre später ein umfangreiches Buch über afrikanische Handwerker schreiben würde. Alles, was ich 1955 in Poli notierte und fotografierte, konnte ich einbauen. Es wäre dort nachzulesen, so dass ich mich hier möglichst kurz fassen möchte.
Besonders zu erwähnen sind die horizontalen Webstühle. Dieser Typus gehört zu den ältesten Formen, die man kennt. Auf diesen Webstühlen

entstehen etwa zwanzig bis dreissig Zentimeter breite und bis zu zwanzig Meter lange, auffallend dicke Bänder aus grob gesponnenem Baumwollgarn, das vorher auf die einfachste Weise gefärbt wird. Sie werden zu ernsthaften Dingen verwendet: Sie sind ein Teil des Zeremonialpreises, den der Bräutigam nebst andern Dingen dem Schwiegervater für eine junge Braut zu entrichten hat. Der Empfänger versteckt dann diese schweren Bänder unter seinem Hüttendach, denn sie dienen nur dazu, Leichen zu umwickeln, vor allem diejenige des Hausvaters selber. Je reicher und mächtiger der Mann ist, um so mehr Bänder werden verwendet. Über den Totenkult der Doayo wird man im nächsten Kapitel mehr erfahren.

Weil ich sowohl das Spinnen und Färben wie das Weben in allen Phasen sehen und natürlich auch fotografieren wollte, sandten wir Boten in zwei Dörfer der Umgebung von Poli, die uns die besten Färber und Weber schicken sollten. Da ich einen guten Lohn versprach und die Läufer mit einem Brieflein vom allmächtigen Commandant ausrückten, erschienen ein paar Tage später zwei Gruppen zu etwa zehn Mann, die in grossen Kalebassen ungesponnene Baumwolle, Färbekräuter und -wurzeln brachten und auch die Webeinrichtung. Angefeuert durch gute Worte, Geschenke und Versprechungen liessen sich die Dörfler bald in einen Wettstreit ein, welche Gruppe das bessere, dichter gewobene und längere Band zustande brachte. Die Leute von Garé übertrumpften die von Godé.

Was ich so oft erlebt hatte: die Leute spürten meine Anteilnahme, sie erfuhren, dass da einer war, der ihre Arbeit bewunderte, sie rühmte, ihnen auf die Schultern klopfte und «bodum, bodum, bodum» (gut, gut, gut) sagte. Das machte sie glücklich, wie es jeden froh macht, dessen Arbeit man anerkennt, und so waren sie überaus eifrig am Werk.

An einem Donnerstag waren die Männer angekommen und hatten sofort begonnen, die mitgebrachte Baumwolle mit blossen Händen, ohne irgendwelche Hilfswerkzeuge, zu entkernen. Den nächsten Tag verbrachte ein Teil der beiden Mannschaften damit, grobes, knotenreiches und unregelmässig dickes Garn zu spinnen. Während die einen eine Spindel nach der andern füllten und das Garn dann locker auf einer Haspel zu Strangen aufwickelten, rüsteten und kochten andere Farben. Zweige eines Strauches, der wie viele andere Pflanzen Indigoblau enthält, wurden zerkleinert und in einem Tonkrug gekocht, dann steckte man in diese Brühe eine Strange Garn nach der andern, man

tauchte sie ein und zog sie wieder heraus und tauchte sie wieder in die Farbe. Erst durch die Oxydation während des Trocknens entstand ein deutliches, wenn auch nicht besonders ansehnliches Blau.
Weder war also das Indigo wie üblich in einer «Küpe», der Färbergrube, angesetzt worden, noch hatte man die Brühe mit Pottasche versetzt und fermentieren lassen. Unmittelbar nach dem Kochen wurde gefärbt. Diese mitgebrachten Zweige nannten die Färber Tchatchari.
Ein anderer Färber hatte auf einer Steinplatte hellgelbe Wurzeln, die er Manguina nannte, zu einem Brei zerquetscht. Im Wasser gekocht, entstand eine braunrote Brühe, und die hineingetauchten Baumwoll-

Das Baumwollgarn ist bei den Doayo sehr grob gesponnen und knotenreich. Gefärbt wird es mit verschiedenen Pflanzenfarben und mit Knochenkohle.

strangen verliessen dieses Färbebad nach kurzer Zeit mit einem kräftigen Rot. Löste man in der roten Farbe ein paar Brocken Natronsalz, das die Händler als Viehsalz vom Nordende des Tschadsees mitbringen, entstand ein starkes Gelb, und vermischte man diese neue mit der Indigofarbe, erhielt man ein angenehmes Grün. So verging der Freitag, und am Abend hingen an den Bäumen zahlreiche buntgefärbte Baumwollstrangen.

Nun, die Technik des Webens hier zu schildern, erübrigt sich. Wichtig zu wissen ist: der Zettel aus verschiedenfarbigen Garnen wird in der gewünschten Bandlänge fest montiert, und die Webeinrichtung wandert mit dem Fortschreiten der Arbeit vom Anfang der Kette zum Ende.

Die gleiche Webart habe ich auch bei den Koma gesehen und in den Mandarabergen im Tal der Moskata bei den Mafa. Sowohl die Koma wie die Mafa verwendeten ein viel feiner gesponnenes Garn als die Doayo. Das Besondere an der Bänderweberei dieses Volkes besteht darin, dass es sich um eine Textiltechnik handelt, die ausschliesslich dem Totenkult dient.

Und nun schlenderten wir fünfundzwanzig Jahre später wieder über den Markt von Poli. Begleiter war diesmal nicht mehr Franz, sondern Jürg, ein junger Lehrer und Student aus dem Bernbiet, gleichzeitig Spezialist für geländegängige Fahrzeuge. Gelegentlich wird Franz erwähnt, das betrifft das Jahr 1955, dann Jürg, der 1980 dabei war.

Jürg und ich schlenderten also über den Markt von Poli. Ein armseliger, miserabler Markt ohne jeden Reiz, mit dem üblichen Ramsch und kaum irgendeiner Ware – abgesehen von den Gartenprodukten –, die nicht von irgendwoher importiert worden wäre. Unter einem Schattendach sassen ein paar Händler, die wenig anzubieten hatten. Wir hatten in Garoua etwas eilig, daher schlecht eingekauft, und nun erwischten wir hier auf unserer Suche nach Essbarem bloss ein paar vertrocknete Biskuits aus Nigeria, Fischkonserven aus Bulgarien oder Rumänien und getrocknete Tomaten. Kaugummi, stinkende Parfums aus dem Vorderen Orient und Kassetten mit lärmiger Musik halfen uns nicht aus der Verlegenheit. Bier und Whisky hätten wir fast kistenweise einhandeln können. Immerhin fanden wir in einem Hinterhof einen

Diese farbigen Bänder (etwa 25 cm breit und bis 20 m lang) sind seinerzeit ausschliesslich zum Einwickeln von Leichen verwendet worden.

Das Dorf Poli, Sitz einer Unterpräfektur, hat kaum zweitausend Einwohner. Es liegt inmitten eines unwegsamen Gebirges, verträumt und versteckt unter Bäumen.

Bäcker, der jeweils am Vormittag Brot während etwa zweier oder dreier Stunden anzubieten hatte, bevor ausverkauft war.
Ein wohlbeleibter Händler sass hinter einem riesigen Bündel alter Kleider, die sicher gutgesinnte wohltätige Damen in irgendeiner europäischen oder amerikanischen Stadt für die «armen Neger» gesammelt hatten: viel zu weite Männerhosen, warme Wintermäntel, rosenrote Damen-Dessous und derlei Dinge, die einen stolzen Bergler zur Karikatur werden lassen, wenn er in einem farbigen Unterrock daherkommt oder ein giftig grünes Filzhütchen aufgesetzt hat. Ich gebe gerne zu, dass man alte Kleider sammelt in gutem Glauben, damit helfen zu können. Aber man muss auch begreifen, mit welcher Verachtung und welchem Zorn junge, gebildete Afrikaner diese Berge getragener Kleider betrachten; denn sie glauben die Überheblichkeit und Fantasielosigkeit der Spender zu spüren, welche annehmen, für arme Unterentwickelte sei das alles noch gut genug.
Doch dann entdeckte ich neben einem solchen Kleiderbündel ein paar grob gewobene Leichenbänder. Wie gut ich sie noch kannte! Dem einsetzenden Handelsgespräch, wie üblich kurzweilig, hartnäckig und ausdauernd, hörten auch einige junge Burschen zu. Ich spielte den Unwissenden und fragte sie, wozu man diese Bänder verwende. Um sie zu Teppichen zusammenzunähen oder um Liegestühle zu bespannen, meinten sie.
Das sei wohl üblich bei den Fulbe, aber bei den Doayos dienten sie

eben ganz andern Zwecken, sagte ich nun und erzählte, was ich darüber wusste. Grosse Zustimmung beim Händler und bei einigen Alten: «So ist es, er weiss es!» Und ich erklärte, wie man zu den Farben gekommen sei, mit dem Kraut Tchatchari fürs Blau und der Wurzel Manguina fürs Rot. «Jawohl, ganz genau so ist es», sagten begeistert die alten Doayo.

Und ich sonnte mich natürlich in meinem Erfolg. Mit seinem Wissen auf diese Weise ein wenig zu bluffen, gehört zu den kleinen, meinetwegen auch eitlen Freuden. Ausserdem nützt es dem Ansehen und erleichtert das Leben. Man gilt als Fachmann, und Händler bieten dem Kenner bessere Waren an. Bald wusste im Ort auch gar mancher, dass ich vor langer, langer Zeit schon einmal in Poli gewesen sei als Freund des verstorbenen Papa Relly, der, so schien es mir, ganz und gar nicht vergessen war, im allerbesten Sinn nicht.

Da ich jedem, der sie sehen wollte, mitgebrachte Fotografien zeigte, war es eben doch recht vergnüglich, nun als Grossvater durch den Ort zu bummeln und alle Grüsse der freundlichen Menschen zu erwidern.

Aber Poli ist ein verträumtes Nest geblieben, und die Beamten auf der Präfektur, die Funktionäre und auch die Lehrer, die entweder aus der Hauptstadt des Nordens, Garoua, oder aus dem Süden stammten, fühlten sich hier im Exil. Immerhin, die grosse Dorfstrasse ist breiter geworden, dem neuen ordentlichen Spital steht nun ein sehr gerühmter afrikanischer Arzt vor. Zu Rellys Zeiten dokterte in einer Krankenstube ein Sanitäter, bei dem ich nicht einmal tot hätte Patient sein wollen. Neben der grossen Volksschule besteht nun ein Collège, eine Institu-

tion etwa in der Art einer bernischen Sekundarschule. Ein kleines Elektrizitätswerk sorgt für Licht, allerdings sind bei weitem nicht alle Häuser angeschlossen.
Seinen Durst löscht man jetzt nicht mehr ausschliesslich aus den eigenen Vorräten, sondern auch in zwei Bierbars. In der einen sind die Zementwände mit kurzweiligen Bildern bunt bemalt, auch eine Musikmaschine fehlt nicht. Ich hatte den Eindruck, dass mancher Einwohner oft und ausgiebig durstig war.
Früher gab es meines Wissens auch kein Postbüro. Dort grüsste mich nun der Leiter, der seinerzeit Rellys Schreiber gewesen war. Briefe von daheim erreichten mich in Poli zu meinem Leidwesen diesmal keine, aber der ehemalige Schreiber war doch so zuverlässig, sie zurückzuschicken, so dass ich dann Monate nach meiner Rückkehr zu lesen bekam, was mir meine Frau geschrieben hatte.
Über die afrikanische Post habe ich mich in den vergangenen dreissig Jahren oft geärgert. Vor dem Postbüro von Maroua fotografierte ich vor einigen Jahren das Wrack eines Kastenwagens ohne Frontscheibe und Räder, aber deutlich war noch der Werbetext der Post zu lesen: «Rapidité, Sécurité et Régularité.» Es war wie ein Symbol für Wunsch und Wirklichkeit.
Die katholische Mission von Poli blühte, aber die Presbyterianer-Mission war nach fast vierzigjährigen Bemühungen eben geschlossen worden. Die Amerikaner, Nachfolger des Pastors Matthres, waren vom Unglück verfolgt worden. Das grosse Wohnhaus war ein paar Wochen vorher abgebrannt, und die müden, alten Leute, die heimkehren wollten, hatten keinen Nachfolger gefunden.
Im Collège unterrichtete eine junge Amerikanerin als Entwicklungshelferin Englisch neben ihren afrikanischen Kollegen. Sie nebst Pater Leuleu und zwei Schwestern waren nun die einzigen Weissen, die in Poli lebten.
Unter den mitgebrachten Fotografien befanden sich Aufnahmen des seinerzeitigen Kochs der Familie Relly. Bald fand ich jemanden, der Joseph erkannte und mich zu ihm führte. Zuerst erinnerte sich der alte Mann nicht mehr an mich, doch dann wurde die damalige Zeit mit Hilfe meiner Fotos und dessen, was ich erzählte, wieder lebendig. Er war nun Besitzer einer Bierbar an der breiten Zufahrtsstrasse am

Ein Doayo-Mädchen mit Schmucknarben. Der Ort Poli liegt im Wohngebiet verschiedener ethnischer Gruppen. Die wichtigsten sind die Bata und die Doayo.

Eingang des Dorfes und wohnte dort im Hinterhaus bei einer Tochter. Da sass ich also bei ihm in seiner Stube. Der Boden aus gestampftem Lehm war sauber gekehrt; Tisch und Stühle, ein solides Bett und ein mit Nippsachen überstelltes Buffet füllten den Raum und liessen darauf schliessen, dass hier ein kleiner Wohlstand herrschte. In eine an der Wand befestigte Matte waren ein paar Dutzend Fotografien eingesteckt, Erinnerungsbilder aller Art, von Hochzeiten und Familienzusammenkünften.

Den Familiennamen des alten Kochs kenne ich nicht, ich vergass, danach zu fragen. Seinerzeit war er für uns einfach Joseph, und ich habe ihn damals geduzt wie jedermann und wie es einfach üblich war. Keiner hatte damals einen seiner Angestellten geehrt, und kein Boy und kein Koch, kein Nachtwächter und kein Gärtner hätte sich je gegen das Duzen gewehrt. Auch das hat sich ja jetzt glücklicherweise einigermassen geändert, und so war ich nun nicht bei Joseph zu Besuch, sondern bei Monsieur Joseph.

Er ist müde geworden und alt, seine Augen erlaubten ihm nur mit Mühe, die Menschen auf meinen Bildern zu erkennen. Seine Tochter, die ihn betreute und auch die Bierbar besorgte, ein paar Enkelinnen und Nachbarinnen, die sich in die Stube drängten, hörten zu, was wir zwei uns aus früheren Zeiten zu erzählen hatten, und wieder einmal gingen meine Fotografien von Hand zu Hand. Monsieur Joseph erkundigte sich bald einmal, wie es den Rellys gehe. Dass sein damaliger Herr gestorben war, wusste er, aber neu war für ihn die Nachricht, dass auch Madame nicht mehr lebte. Dagegen konnte ich ihm berichten, dass sowohl Jeannot, der Sohn, wie Monique, die Tochter, irgendwo in Frankreich glücklich verheiratet seien.

Wie es sich gehört, machten wir bald nach unserer Ankunft beim Unterpräfekten einen Höflichkeitsbesuch. Er hat natürlich das Recht, zu erfahren, was Europäer, die sich da ein paar Wochen lang in seinem Bezirk herumtreiben wollten, für Absichten haben. Abseits von Gebieten, die von Touristen überschwemmt werden, fand ich es immer klug, die Verantwortlichen von meinen Plänen zu unterrichten. Das schaffte Vertrauen, zerstreute Misstrauen, das gar zu oft berechtigt ist. Da könnte man jetzt seitenweit erzählen, was unwissende und oft vorein-

Seinerzeit war Monsieur Joseph Koch bei den Rellys. Nun lebt er bei einer seiner Töchter. An der Wand hängt der Inhalt eines ganzen Fotoalbums.

genommene Journalisten manchmal nach einem viel zu kurzen Aufenthalt an falschen Informationen liefern, wie sie Ereignisse und Gegebenheiten falsch schildern, die sie nicht begriffen haben.
Übrigens hätte es kaum etwas genützt, verheimlichen zu wollen, was ich unternahm, denn es war selbstverständlich, dass man kontrolliert wurde. In einer Stadt kann man sich leicht verstecken, niemals aber in einem dünn besiedelten Hinterland. Der Commandant weiss sicher immer, wo man steckt und was man tut. Deshalb ist es besser, ihm ab und zu zu erzählen, was man erlebt hat, ihm also zu bestätigen, was er sicher bereits wusste. So spielten wir uns jeweils gegenseitig etwas vor.
Dem Nachfolger von Relly, einem von vielen, hatte man oben auf einem Hügel, dessen Kuppe abgetragen worden war, ein sehr schönes und geräumiges Haus gebaut, wie es sich für einen Chef und Vertreter der Obrigkeit geziemt. Grossartig war von dort der Blick hinab ins Dorf, das halb versteckt unter vielen mächtigen Bäumen lag. Wir fuhren an einem Sonntag morgen zum Präfekten hinauf. Er lag im Freien auf einem roten Teppich im Schatten, den ihm das Haus zu dieser Tageszeit noch bot, bevor die Sonne zu hoch stand. Der Empfang war freundlich, und bald brachte ein Boy zu trinken, Orangenwasser mit viel Chemie und wenig Orangen. Der Boy war damals, wie sich herausstellte, einer der dienstbaren Geister bei Relly gewesen. Er erkannte mich sofort wieder, ich aber erinnerte mich gar nicht mehr an ihn. Diese Leute haben ein Gedächtnis wie Elefanten.
Neben dem Papa sassen drei Buben mit kugelrunden Köpfen, still, schweigsam und gesittet, wie es sich geziemt im Hause eines Peul, wenn Erwachsene sprechen. Auf dem Teppich sass noch mit gekreuzten Beinen, im Schneidersitz, der Schneider aus dem Dorf. Er hatte einen hellblauen Stoffballen bei sich und war damit beschäftigt, den Buben neue Hosen und Hemden anzumessen.
Erst später, als wir einmal auf Wunsch des Hausherrn die ganze Familie fotografierten, erkannte ich, wie gross sie war. Er war mit zwei sehr hübschen hellhäutigen Fulbefrauen verheiratet. Zum Fotofest erschienen ausserdem noch neun Buben, den jüngsten trug seine Mutter auf dem Arm. Zwei Mädchen und ein Knabe, die das Dutzend des Nachwuchses voll gemacht hätten, waren nicht zu Hause.
Der Vertreter der Regierung stammte aus einer angesehenen Familie in Maroua. Sein Vater war ein Gisiga, Angehöriger eines kleinen Volkes gegen den Logone zu, die Mutter eine Peul. Er war ein guter Mohammedaner, der die Gesetze des Korans sehr respektierte, weder

rauchte noch Alkohol trank. Er weilte bereits zwei Jahre in Poli, aber ich hatte den Eindruck, dass er trotz seines wundervollen Wohnsitzes sehnsüchtig darauf wartete, versetzt zu werden.
Wir führten jeweils, wenn ich ihm begegnete, gute Gespräche, und ich merkte bald, dass ihn die hiesige Bevölkerung eher enttäuschte. Die Doayo seien faul, meinte er, und für nichts zu begeistern, ein Fortschritt sei kaum zu erreichen, und jenseits des Faro sei alles noch schlimmer.
Ich hätte ihm gerne gesagt, wenn es die Höflichkeit nicht verboten hätte, falls er schon von Faulheit spreche, so sollte er sich vielleicht ab

Drei der zehn Buben des Sous-préfets von Poli erhalten neue Hosen. Da sitzen sie geduldig vor dem Schneider, der die Masse nimmt und den Stoff gleich zuschneidet.

und zu auch um seine Funktionäre kümmern. Einige dieser Ortsfremden sassen, wenn der Chef abwesend war, schon am Vormittag, mitten in der Bürozeit, in der Bar vor ihrer zweiten oder dritten Flasche Bier. Dass er die heidnischen Bauernvölker seines Verwaltungsbezirkes nicht besonders gut mochte, war fast selbstverständlich. Er war gebildet, hatte einige Zeit in Paris studiert und zählte sich zu den Fulbe, der Oberschicht Nordkameruns. Die Fulbe sind Rassisten wie eh und je. Und der junge Beamte war wohl voll guten und ehrlichen Willens bemüht, seinen Bezirk zu entwickeln; er war mit vielen guten Vorsätzen hier angekommen und erlebte selbstverständlich allerlei Enttäuschungen.

In normalen Jahren hat in der Gegend von Poli jedermann genug zu essen. So wie sich die Väter dieser Bauern einst das Leben eingerichtet hatten, so führt man es weiter. Von Veränderungen hält man wenig. Daran haben auch die Missionare nicht rütteln können. Und auch die Obrigkeit merkt, dass – glücklicherweise, wie ich finde – die Bauern immer noch harte Schädel haben.

Eines Tages lud uns der freundliche Chef, der uns sehr zugetan war, zum Nachtessen ein. Er hatte vorher versprochen, dass wir nichts vorgesetzt erhalten sollten, was nicht aus Kamerun stamme. Das behagte mir, denn es ist doch närrisch, dass man in afrikanischen Hotels verwöhnten Touristen Speisen vorsetzt, die man gegen wertvolle Devisen per Flugzeug aus Europa holt; dass die Geschäfte in afrikanischen Städten mit Konserven und Alkoholflaschen vollgestopft sind, die man in der halben Welt zusammenkauft. Da fehlen Importe aus China, Korea oder Singapore so wenig wie aus Frankreich, Amerika oder den Oststaaten.

An jenem Abend erschienen wir sonntäglich gekleidet zur vereinbarten Zeit oben in der «Résidence». «Mit der Genauigkeit einer Schweizeruhr», lachte uns der Gastgeber aus. Wir waren natürlich viel zu früh, nichts war bereit, und ich schämte mich ein wenig meiner eidgenössischen Pedanterie.

Der Chef lag wieder, diesmal in der Abendkühle, auf seinem roten Teppich vor dem Haus, wir setzten uns zu ihm und erhielten ein paar Kissen als Armstützen. Er trug einen blütenweissen Boubou und ein bunt besticktes Fulbe-Käppchen.

Im kleinen, mit teurem Mazut betriebenen Elektrizitätswerk des Ortes, das die Büros und die Häuser der Reichen mit Strom versorgt, war eine Panne eingetreten. So sassen wir in dieser mondlosen Nacht vorderhand bloss im Schein von Petrollampen, aber das störte wenig, und später, als es dann darauf ankam, die afrikanischen Speisen nicht nur zu kosten, sondern auch zu betrachten, kehrte der Strom zurück. Wir blieben im Freien, mit keinem Schritt betrat ich das Haus, und ich habe an diesem Abend weder eine der hübschen Frauen noch eines seiner zwölf Kinder gesehen. Der patriarchalische – wenn auch noch junge – Hausherr war, wie es der Tradition entspricht, der Meinung wie noch überall bei seinesgleichen, dass es unschicklich sei, wenn die Hausfrauen mit den Gästen am gleichen Tisch sitzen.

Früher gehörten die Reiter auf feurigen Araberpferdchen zum Strassenbild eines jeden grösseren Dorfes. Jetzt tauchen sie bald nur noch an Festtagen auf.

Wohl mehr als eine Stunde später wurde von männlichen Dienstboten ein Tisch auf den Vorplatz getragen; es war Essenszeit. Zuerst setzte man uns einen faden, zementfarbenen Hirsebrei vor mit einer öligen Sauce, in der zeigefingerlange, nicht «ausgenommene», aber ganz weichgekochte Fischchen aus dem nahen Mayo, dem Flüsschen, schwammen. Mir behagte dieses Gericht gar nicht, und ich fürchtete mich vor der Fortsetzung.

Es folgte eine riesige Reisplatte, kamerunischer Reis aus der Gegend von Yagoua am Logone, und dazu eine Schüssel mit Schaffleischragout, das mit rotem Pfeffer, dem Pilipili, reichlich gewürzt war. Da griffen wir kräftig zu, und der Hausherr freute sich darüber, dass es uns schmeckte.

Die grosse Papaia – die Baummelone –, die wir nachher genossen, stammte aus dem Dorf, auch die Zitrone, die man über den Papaia-Schnitzen ausdrückte. Als Dessert wurde noch die «Bouille» aufgetragen. Das ist eine Creme aus Hirse, viel Zucker und saurer Milch, die man bei den Bororo bezieht, viehzüchtenden Hirten ohne festen Wohnsitz. Der Zucker stammte aus einer südkamerunischen Zuckerrohrraffinerie.

Das Bier, das wir zum Essen tranken, kam aus der staatlichen Brasserie und hatte einen seltsamen Namen: «33» stand auf den Fläschchen. Der Gastgeber trank Wasser aus einer nahen Quelle, und der Kaffee, der das Festmahl beendete, der Rustica-Kaffee, war in einer Plantage nahe der Küste gewachsen. Unser Gastgeber hatte sein Versprechen gehalten, ich hielt mit meiner Anerkennung nicht zurück. Und wer wollte den Stolz dieses patriotisch gesinnten Mannes nicht begreifen?

Wir zwei haben uns an diesem Abend besser kennengelernt. Er erzählte von seiner Studienzeit, und ich vernahm, dass er zweimal in der Schweiz gewesen sei. Ich selber erzählte von meiner Familie, rühmte meine Enkelinnen, und dann war selbstverständlich sehr eingehend von meinen ersten Reisen in Nordkamerun die Rede, als mein Gastgeber noch kaum geboren war. Er wunderte sich über mancherlei, das ich zu berichten wusste, von Dingen und Einrichtungen, die damals noch fehlten und heute, auch abseits der grossen Zentren, so selbstverständlich sind.

Totenkult bei den Doayo

Als wir die Nachricht erhielten, im Dorf Fignolé, etwa eine halbe Fahrstunde von Poli weg, sei vor einiger Zeit ein alter, wichtiger Mann gestorben und die letzten Zeremonien vor der Beerdigung sollten bald stattfinden, riet uns Relly, sofort hinzufahren, um dieses Spektakel – so nannte der Elsässer respektlos diese Totenfeier – nicht zu verpassen. Mir kam diese Möglichkeit sehr gelegen, bei der Gelegenheit mehr über die Verwendung der Leichenbänder zu erfahren. Wie sie gewoben wurden, wusste ich ja bereits.

Umsichtig hatte Freund Relly unsere Ankunft bei den Patres der katholischen Mission von Fignolé angemeldet. Es könnte nützlich sein, meinte er. So war es denn auch. Ich glaube, man duldete unsere Anwesenheit als Zuschauer nur, weil uns ein Pater zum Begräbnisplatz geführt hatte. Wir kamen im Dorf an, als man sich für die Zeremonien der beiden letzten Tage rüstete. Der angesehene Mann, dem die Feier galt, war schon bald drei Wochen tot. So wurden wir nun Zeugen eines Totenkultes, den wir einerseits grausam und aufregend, andrerseits doch auch ergreifend empfanden, aber sicher nicht als Spektakel.

Deutungen der vielen geheimnisvollen Handlungen und Begebenheiten waren nicht leicht zu bekommen. Die Alten, die Brüder des Verstorbenen, die Zauberer, Schmiede und Regenmacher, welche den Kult leiteten, waren nicht sehr gesprächig, wenn ich um Erklärungen bat. Und unser Übersetzer Umaru war bereits so stark unter dem Einfluss der Mission aufgewachsen, dass auch er nicht alles begriff, was die Alten anordneten. Andrerseits hatten wir es nur den beiden freundlichen Missionaren, dem Pater Louis Chauvat und dem Pater Loik Megret, zu verdanken, dass uns die Dorfleute nicht wegschickten. Meine Tonbandaufnahmen erwiesen sich hinterher als besonders nützlich, um uns den Inhalt der Gesänge übersetzen zu lassen und Unbegriffenes doch noch zu verstehen.

Noch kurz vor der Abenddämmerung fanden wir den heiligen Ort. Mitten auf einem Platz, durch fast mannshohe Kaktuseuphorbien ganz abgeschlossen, waren oben gegabelte und rot gestrichene Baumstämme eingepflanzt. Diese Pfosten sind Symbole einerseits für wichtige Mitglieder der Gemeinschaft, andrerseits – jedenfalls früher – für erschlagene Feinde.
Unter einem Schattendach stand ein riesiges, birnenförmiges Paket, dort drin sass, mit angezogenen Knien wohl eingepackt, seit drei Wochen der Tote. Man hatte ihn in Hockstellung mit vierundzwanzig Leichenbändern unterschiedlicher Länge umwickelt. Darüber hatte

«Fetischbäume», oben gegabelt und oft rot gestrichen. Man findet sie in den Doayo-Dörfern meistens in der Mitte eines Kultplatzes.

Ein Grab wird für einen angesehenen alten Doayo ausgehoben. Wie bei andern Bauernvölkern besorgen auch hier Angehörige der Schmiedezunft diese Arbeit.

man einen seiner Boubous (faltenreiche Gewänder) gezogen und ihn dann noch in die Felle vier geopferter Stierlein eingenäht. Der herausragende Kopf war mit dem Fell einer schwarzen Ziege umwickelt.
Unwichtige Leute, Frauen und Kinder, so war zu erfahren, werden sofort nach ihrem Tod beerdigt, man verwendet viel weniger Bänder und opfert höchstens ein Tier.
Ausserhalb des Kultplatzes war an diesem späten Nachmittag ein jüngerer Schmied mit seinem Gehilfen daran, ein zylinderförmiges Grab zu schaufeln. Der Chef der Schmiedezunft, ein mageres altes Männchen, sass daneben und gab allerlei Ratschläge. Auch hier bei den Doayo sind wie bei andern Stämmen Nordkameruns die Schmiede die Totengräber. Weiter geschah an diesem Abend nichts mehr.

Die Missionsstation von Fignolé ist am Fuss eines trümmerübersäten steilen Berghanges eingerichtet. Damals umfasste die kleine Station bloss zwei oder drei Häuser und eine bescheidene Kapelle. «Häuser mit Platzmangel und grosser Unordnung», ist im Tagebuch von Franz darüber zu lesen.
Wir verbrachten in Gesellschaft der Missionare einen angenehmen Abend und übernachteten in einem malerischen Rasthaus der Administration, etwas abseits des Dorfes unter Bäumen gelegen. Vor der Nachtruhe beobachteten wir die üblichen Buschfeuer an den Berghängen, und später störte uns das Geheul von Schakalen.

Am nächsten Morgen besuchten wir zuerst ein paar Gehöfte und begegneten einem jungen Burschen, der mit einer kleinen Schar Buben in strammer Kolonne an uns vorbeimarschierte. Sie sangen dazu die Marseillaise! Der sehr jugendliche Schulmeister stand im Dienst der Mission und sollte den Buben – ein Mädchen war nicht dabei – Lesen und Schreiben beibringen und, wie wir sahen, auch Disziplin. Und er sang hier mit ihnen in dieser freundlichen Wildnis zu meinem Schrekken ausgerechnet dieses französische Kampflied. Es war ein etwas zu starker Gegensatz und Widerspruch zu den Gesängen und Totenklagen, die wir bald darauf zu hören bekamen. Aber diese schmerzhaften, fast unerträglichen Kontraste gehörten schon damals zum Alltag.

Auf dem Kultplatz waren gegen Mittag etwa sechzig Menschen versammelt. Musikanten schlugen zwei der üblichen grossen Holztrommeln, eine schmiedeiserne Doppelglocke, drei Rasseln, dazu kamen drei hüfthohe glockenförmige Tamtams aus Eisen. Ausserdem entlockten fünf Männer länglich-dünnen Flaschenkürbissen dumpfe, schaurige Trompetentöne. Sie gingen dabei im Kreis herum. Fünfundzwanzig Jahre später fand ich all diese Instrumente wieder, sie wurden nun in der Kirche zur Messe gespielt.
Als die Trompeten schwiegen, tauchte ganz unerwartet eine Gruppe rot geölter Frauen auf, die nun mittanzten. Ihre kurz geschnittenen schwarzen Haare waren mit dem Russ von Kochgefässen noch mehr geschwärzt. Während dieses Tanzes und auch später noch hockte der älteste Sohn des Toten apathisch auf einem Pfosten, und mit einem Holzstück schlug er ab und zu auf eine zweitönige schmiedeiserne Doppelglocke. Von Bedeutung war sicher das lange Leichenband, das er sich um die Hüften geschlungen hatte. Bald fiel mir auf, dass die Alten verschwunden waren. Auf der Suche nach ihnen fand ich den Dorfchef, der mit einem langen, faserig geklopften roten Rindenstück eines Ficusbaumes über abgeerntete Felder eilte. Kurz danach erschien aus jener Richtung ein seltsamer Zug. Dort hinten, ein paar hundert Meter vom Haus des Toten entfernt, befand sich ein weiterer heiliger Kultplatz. Früher stand an diesem Ort das Gehöft, in welchem der Verstorbene geboren worden war. Es ist darauf aufmerksam zu machen, dass diese Bergler in Nordkamerun nicht in geschlossenen Dör-

Umwickelt mit Totenbändern und mehreren Fellen geopferter Stierlein, sitzt hier in Hockstellung der Leichnam eines angesehenen Dorfchefs.

Je nach der Bedeutung des Verstorbenen sind bei den Totenfeiern umständliche Zeremonien notwendig, die von den Schmieden, Zauberern und den Alten des

fern wohnen, sondern in Streusiedlungen mit beträchtlichen Abständen zwischen den Gehöften.

Dort hinten, beim zweiten Kultplatz, hatten die Alten einen Fetischbaum ausgerissen und vielleicht einen darunterliegenden Fetisch ausgegraben.

Mit dem Allerweltswort «Fetisch» wird man der Sache natürlich nicht gerecht, man müsste wohl ein paar Dutzend Seiten schreiben, um dem Geheimnis näherzukommen. Vielleicht ist es eine Hilfe, wenn ich erwähne, dass es sich um Objekte handelt, von denen man Schutz- und Heilswirkungen erwartet, um Dinge, welche Kraft spenden und die man benötigt, um sich vor vielen Gefahren einer oft erbarmungslosen Natur zu schützen.

Nun kamen die Männer also mit einem Fetischbaum zurück. Voraus ein Alter, der eine Glocke schlug, dann zwei Burschen, die den stark verwitterten, wie üblich gegabelten Baumstrunk trugen. Dann folgten die Alten, die sich alle an einem Seil festhielten, an dem rote Rindenfasern wie Fähnchen hingen. Es war die Rinde, die der Dorfchef vorhin in Eile hingebracht hatte. Einer der Alten trug auf dem Kopf einen Strohring, aus dem eine weisse Feder herausragte. Ein anderer Alter hielt in der Hand einen fast zwei Meter langen schmiedeisernen Stab, der im obern Drittel zu einer Rassel ausgeweitet war. So kam nun die Gesellschaft in einem Gänsezug zum Schattendach zurück, und man legte den Baumstamm vor den Leichnam.

Später begann man vor einem mächtigen Baum am Rand des Platzes zwei Löcher zu graben, und sorgfältig prüfte man ab und zu die Tiefe. Ich nahm an, dass man hier den eben hergebrachten Strunk einpflanzen würde. Aber unvermittelt unterbrach man die Arbeit und schüttete die beiden Löcher wieder zu. Weil Frauen zugeschaut hätten, behauptete unser Übersetzer, aber so sicher war das nicht.

Bei allen Zeremonien entstanden immer wieder längere Unterbrüche und Pausen. Ich hatte wohl den Eindruck, dass die Schmiede und Dorfältesten genau Bescheid wussten, was vorzukehren und zu tun sei,

Dorfes geleitet werden. Sie ziehen sich über Tage, manchmal Wochen hin. Was hier auf den beiden Bildern geschieht, wird in diesem Kapitel geschildert.

um den Toten zu befriedigen und sich vor seiner Rache zu schützen. Aber sie schienen nicht mehr bei all diesem geheimnisvollen Tun zu wissen, warum es so und nicht anders gemacht werden musste, was sie von ihren Vorfahren übernommen hatten. Oft wurde beraten; mir schien, die Eingeweihten seien untereinander gar nicht einig gewesen, wem diese oder jene Rolle beim Ablauf der Zeremonien zuzuweisen sei.

Gegen Abend brachte man noch ein Stierlein, das am nächsten Morgen geopfert werden sollte. Ausser der Ziege, deren Fell zum Umwickeln des Kopfes diente, wäre dies nun das fünfte Opfertier gewesen, doch man erzählte mir, dass früher für einen Häuptling mehr als drei Dutzend Tiere getötet worden seien, und die Leiche sei in all diese Felle eingewickelt worden.

An diesem Nachmittag ereignete sich dann nichts mehr, oder wir hatten als schlechte Beobachter nichts davon bemerkt. Besucher, die von der Trauerfamilie reichlich mit Hirsebier bewirtet worden waren, zogen noch spät nach Mitternacht angetrunken und voller Fröhlichkeit, heiter singend an unserm Rasthaus vorbei heimwärts.

Und nun die Ereignisse am letzten Tag.

6 Uhr. Kurz nach der ersten Dämmerung entdecken wir, dass der Leichnam zur Seite gelegt worden ist, ausserdem hat man nun den gestern vom Geburtsort des Toten herangeschleppten Fetischbaum auch eingepflanzt. Ob nun darunter, wie es üblich sein soll, irgendein Fetisch eingegraben wurde, war nicht zu erfahren.

6 Uhr 35. Einer der Alten, der uns wegen eines Kropfes bereits am Vortag aufgefallen war, geht mit einer mit dünnem Hirsebrei gefüllten Schale zu einem der roten Pfosten, füllt sich den Mund mit Brei und speit die Brühe durch die Astgabel hinaus. Ein Opfer, das für den Toten bestimmt sei. Dann frühstücken die Alten, zwei von ihnen setzen sich sehr nahe neben den Leichnam.

6 Uhr 45. Ein Stierlein wird geschlachtet, offenbar das Tier, das noch am Vorabend gebracht wurde. Sorgfältig löst man das Fell vom Körper.

7 Uhr 10. Der Dorfchef, ein Mann im besten Alter, wie man zu sagen pflegt, eilt geschäftig und aufgeregt da hin und dort hin. In die Mundwinkel, wo sich bei den Doayo die üblichen Schmucknarben

Alte Doppeltonglocke aus Eisen. Bis vor wenigen Jahren kannte die Schmiede noch die Kunst, Magnetit in Eisen zu verwandeln.

befinden, hat er sich wie die meisten andern Männer eine rote Farbe gestrichen, und auch sein Nacken ist rot gefärbt. Man bringt ihm zwei noch warme Tierfelle, dasjenige des eben getöteten Tieres und von einem Besucher ein weiteres, das dieser als Geschenk gebracht hatte. 7 Uhr 40. Der Alte mit dem Kropf, offenbar ein besonders wichtiger Mann, geht mit diesen beiden Fellen zu den Fetischbäumen, schwenkt sie darüber weg und begibt sich zum Grab, an dem der Schmied mit seinem Gehilfen immer noch arbeitet. Auch dort schwenkt er die Tierhäute über dem Loch hin und her, dann werden sie mit einem inzwischen noch dazugekommenen dritten Fell um den Leichnam

Bei allen Totenkulten, die ich in Nordkamerun erlebte, spielt der Tanz als Ausdruck der Trauer und Angst eine überaus wichtige Rolle.

gewickelt. Die ersten vier mitgerechnet, sind es nun sieben Stierlein, die ihr Leben lassen mussten.

Mehrere Männer arbeiten am Toten, sie drehen das Paket ohne Respekt und Angst nach allen Seiten, schneiden Riemen in den Rand der Tierhäute und binden sie damit kunstvoll und straff um den Körper fest. Es sei daran erinnert: in dieser Umhüllung aus vierzig Leichenbändern und sieben Tierfellen befindet sich der Leichnam mit angezogenen Knien in Hockstellung. Zum Schluss näht man noch drei Fellriemen an, Traggurten, an denen später das Paket geschleppt und getragen wird.

8 Uhr 50. Der Tote wird geschmückt. Man setzt ihm zwei Strohringe auf den Kopf, einer davon ist der mit der weissen Feder, den gestern einer der Alten getragen hat. An diesen Ring hängt man faserig geklopfte Baumrinde. Dann waschen sich alle Zeremonienmeister die Hände, sie setzen sich zu den Rasseln, Glocken und Trommeln, andere probieren Hörner aus, und immer mehr Leute erscheinen. Man spürt es, bald wird Wichtiges geschehen.

Man zaudert, hält Beratungen ab, flüstert, und wir zwei versuchen stets, uns so unauffällig wie möglich zu verhalten. Natürlich schämt man sich, dass man bei einem Totenkult als taktloser Zuschauer herumsteht, andrerseits bilde ich mir doch auch ein, dass es wichtig sein kann, solche Zeremonien, die sicher bald einmal verschwinden werden, genau zu beobachten und aufzuschreiben. Makabre, barbarische Liturgien, meinte Franz.

9 Uhr 05. Unter heftigem Geschrei und dumpfen Trompetenstössen wird der Leichnam vor den offenbar wichtigsten der roten Fetischbäume getragen und unmittelbar davor hingesetzt. Einer der Alten schwingt dazu seinen schmiedeisernen Stab mit der Rassel und gibt Anweisungen.

Es folgt ein Rundgang der Männer. Sie bewegen sich in einem sehr gemessenen Tanzschritt auf engem Kreis rund um den Leichnam. Den Flaschenkürbissen werden wieder schauerlich klingende Töne entlockt, dazwischen singen die Männer ein Heldenlied. Man rühmt den Toten, der viele Feinde umgebracht habe, er sei mutig gewesen, einer von denen, denen man nicht allein hätte begegnen wollen.

Dann erscheinen wieder die Frauen, ihre Gesichter sind mit Hirsebrei

Der Leichnam ist mehrere Male um den Kultplatz getragen worden. Immer wieder ▸ versichert man dem Toten mit Chorgesängen, man werde ihn nicht vergessen.

eingeschmiert. Sie tanzen mit kurzen Schrittchen zu den Takten der hölzernen und metallenen Tamtams. Die Hauptfrau des Toten, eine alte Mutter mit runzeliger Haut, kriecht weinend und schluchzend um den Leichnam, dazu streichelt sie behutsam und voll Zärtlichkeit die Felle. Sie verabschiedet sich von ihrem Mann, und das ist die einzige Szene, die uns wirklich rührte.

Unvermittelt brechen Musik und Tanz ab. Mit energischem Gebrüll werden Frauen, Mädchen und kleine Kinder vertrieben. Vom Hals eines Opfertieres wird ein Stück Fleisch geschnitten, die Männer gehen unters Schattendach, zu ihnen gesellen sich, sichtbar widerstrebend, zwei junge Burschen. Über einem Feuerchen wird das Fleisch angebraten, aber bald wieder weggenommen. Hirsebrei wird in einer Kalebasse gebracht, man legt Zweige und Kräuter neben das Feuer, und alles ist von recht aufgeregten Gesprächen begleitet. Offensichtlich dürfen keine Fehler passieren!

9 Uhr 20. Es beginnt eine aufregende, barbarische Zeremonie, welche die Beschneidung eines Jünglings symbolisieren soll. Die Kraft des

Wer wagte zu behaupten, dass die Trauer der Frau, die sich von ihrem Mann verabschiedet, nicht ebenso echt ist wie der Ausdruck des Leides in unsern Breiten?

Alten soll auf einen Nachkommen übertragen werden. Alle Vorgänge wickeln sich in grosser Hast ab, es ist wohl denkbar, dass mir Einzelheiten entgangen sind. Die beiden Jünglinge ziehen sich nackt aus, einer der beiden bindet um sein Glied von der faserigen Rinde, die immer wieder eine wichtige Rolle zu spielen scheint.
Nun beginnt eine seltsame Prozession: Einer der Alten führt den Umzug an, er schüttelt, als ob er drohe, seine Rassel wie ein Messer. Die andern sind wieder miteinander mit dem gestrigen Seil verbunden. Der Jüngling, der symbolisch beschnitten werden soll, geht mitten im Zug und wird mit halbrohem Fleisch gefüttert. Ein Mann stösst ihm einen Bissen nach dem andern, den er mühsam herunterwürgt, in den Mund. Der zweite Jüngling ist nicht mehr zu sehen.
Der Zug geht zuerst einmal um den Leichnam herum, dann wandern alle, die sich am rindengeschmückten Tau halten, ins Land hinaus, kehren aber bald wieder zurück. Dazu wird im Chor gesungen. Ab und zu hört man nur zwei Einzelstimmen, die sich wie in einem Dialog ablösen, dann fällt wieder der ganze Chor ein. Es ist ein Lied, das üblicherweise bei den Beschneidungsfeiern für Knaben und Jünglinge ertönt. Einer der Sänger symbolisiert die Rolle eines Paten, der jeweils dem, der beschnitten werden soll, beisteht. Er singt: «Fürchte dich nicht, sei tapfer und weine nicht, wenn nun das Messer kommt.» Der zweite Sänger, offenbar in der Rolle eines Jünglings, behauptet nun singend: «Viele weinen und schreien, weil sie die Schmerzen nicht ertragen können. Ich aber, ich bin mutig, und ich werde nicht schreien.»
9 Uhr 25. Während dieser Prozession haben zwei Männer dem Leichnam als Symbol für ein männliches Glied ein kurzes Strohseil angenäht, und sie haben es wie der Jüngling mit roter Rinde umwickelt.
Nun ist der Zug zurückgekehrt, der junge Bursche lehnt sich mit stark gegrätschten Beinen an das Leichenpaket, er lehnt sich so weit zurück, bis sein Rücken das Tierfell berührt. Man bindet ihm ein Strohseil um den Leib. Alle Männer umstehen nun Leichnam und Jüngling und rufen laut, einem wilden Kriegsgeschrei ähnlich: «Das Messer ist über dir, das Messer ist über dir!»
Erst jetzt taucht der zweite nackte Bursche wieder auf. Er eilt herbei, trägt ein langes Messer in der Hand, umtanzt mehrere Male in wilden Sprüngen die Männergruppe und schwingt dazu sein Messer. Dann schneidet er laut schreiend das Strohglied vom Leichnam, zerschneidet das Strohseil des Jünglings, reisst ihm die rote Rinde weg, und zusam-

men rennen die beiden in wilder Flucht davon. Nun hat also der Tote seine Kraft und sein Leben weitergegeben.
Sofort beginnt eine neue Zeremonie. Niemand wagt mehr zu sprechen, es wird ganz still. Drei Alte legen Kräuter und Strohhalme vor den Leichnam, dann kriechen sie in einer fast schmerzhaften Totenstille langsam um das Leichenpaket und stechen auf diesem Gang mit kurzen, zugespitzten Hölzchen hinein, drücken das Ohr an die Felle und horchen, ob sich der Tote rege. Sie kriechen dreimal um ihn herum, stechen in verschiedenen Höhen hinein und horchen, als ob sie eine Antwort befürchteten. Mit Befriedigung stellt man fest, dass er sich nicht mehr äussert.
9 Uhr 35. Neben dem Toten werden alle Musikinstrumente zu einem wirren Haufen übereinandergelegt, die Trommeln, die Rasseln, die riesigen eisernen Totenglocken. Musikanten netzen die Lippen und setzen bereits wieder ihre Flaschenkürbishörner an. Vorderhand ist es immer noch ganz still, man hört höchstens geflüsterte Anweisungen.
Schlagartig beginnt ein entsetzlicher Lärm. Alle Männer schreien, man

Der alte Mann ist zwar seit bald drei Wochen tot, aber kurz vor der Beerdigung prüft man noch einmal mit Stäbchen, ob es wirklich so ist.

Im nächsten Augenblick wird die Leiche ins tiefe Grab versenkt. Hockstellung des Leichnams bei seiner Beerdigung ist in Nordkamerun noch vielerorts üblich.

entlockt den Hörnern Töne, dass man eine Gänsehaut bekommt, die Musikinstrumente werden lärmend auseinandergerissen und sofort mit aller Kraft geschlagen.

Aber nicht genug damit, der älteste der Zauberer geht zum Toten, spricht mit ihm, schreit ihn an, packt ihn – es ist grässlich – am eingewickelten Kopf und schüttelt respektlos den Leichnam. Zur allgemeinen Beruhigung erwacht der Tote nicht mehr. So beginnt nun ein neues, weniger schrecklich klingendes Hörnerkonzert. Auf dieses Zeichen hin kehren auch die Frauen wieder zurück.

Es folgt eine letzte Prozession, aber diesmal wird die Leiche mitgetragen. Einige kräftige Männer schleppen das Bündel mehrere Male rings um den Platz, und alle singen dazu: «Wer Angst hat, soll ihn nicht berühren; wer Angst hat, soll wegbleiben.» So machen sie sich gegenseitig Mut, und jeder behauptet, dass er sich nicht fürchte.

Dieses Lied wird bald durch einen Kriegsgesang abgelöst. Obschon der

Alte ganz natürlich an einer Krankheit starb, gilt die Annahme, er sei im Kampf gefallen, und jeder beteuert, wären sie, die Freunde, dabeigewesen, hätten sie für ihn gekämpft und ihm geholfen. So entschuldigen sie sich bei dem Toten, der dann endlich unmittelbar neben dem Grab abgesetzt wird. Man schiebt ihn näher ans Grab, und etwas unerwartet verschwindet er darin in einem dumpfen Fall unter einer Staubwolke.
Aus und Schluss! Die Gesellschaft geht auseinander, fast hundert Besucher aus den umliegenden Höfen ziehen nach Hause, die Alten und die Zeremonienmeister streiten sich um das Fleisch der Opfertiere, und sie raufen sich um den Rest des Hirsebieres. Drüben füllt indessen der Schmied die Gruft locker mit Erde und legt eine Strohmatte darüber.

Die letzte Szene dieses Totenkultes haben wir nicht miterlebt: Vier Tage später wurde das Grab noch einmal geöffnet, dann schnitt der Schmied das dünne Ziegenfell weg, drehte dem Leichnam mit einem eisernen Haken den Kopf ab und legte diesen in einen Krug. Die Alten, so erzählte uns später Pater Chauvat, achteten bei diesem barbarischen Tun jeweils sehr darauf, dass der oberste Halswirbel nicht mitkam, denn das wäre ein böses Zeichen. Es bedeute Not und Unglück für die Angehörigen, die in früheren Zeiten gar wegen dieses Halswirbels, der nicht an seinem Platz bleiben wollte, Hof und Dorf aufgegeben hätten, um dem Zorn des Toten zu entrinnen, der offenbar über den Beerdigungskult nicht zufrieden gewesen sei.
Nach einigem Suchen findet man in der Nähe der Dörfer, in Felsen versteckt, Schädelstätten. Da stehen ein oder zwei Dutzend mit Scherben lose zugedeckte Tongefässe, und in jedem liegt ein von Ameisen blankgenagter Schädel. Männerschädel werden an andern Plätzen aufbewahrt als die der Frauen und Kinder.
In Fignolé führten uns seinerzeit ein paar Buben der Missionsschule an einen solchen Platz, sie blieben aber in respektvollem Abstand zurück. Wir hatten den Eindruck, dass man diesen Schädeln noch regelmässig Bieropfer brachte. Irgendwo fanden wir später unter einer vor Regen wohlgeschützten Balm drei riesige, mehr als tischhohe Tonkrüge, die mit ganzen und zertrümmerten Schädeln vollgestopft waren.
Die Erklärungen des Übersetzers und der Missionare dazu deckten sich: Alle paar Jahre, wenn die Krüge eines Dorfes gefüllt sind, versammelt man sich zu einem grossen Totenfest. Man holt alle

Schädel ins Dorf zurück, reinigt und bürstet sie, dann stellt man sie in Reihen am Kultplatz auf. Nach dem Fest werden sie nicht mehr in die einzelnen Krüge zurückgebracht, sondern nun alle zusammen in den eben beschriebenen riesigen Töpfen verstaut. Damit alle Platz finden, werden offenbar einige zertrümmert.
«Nun sind sie alle beieinander», erklärte der Übersetzer, «sie sind nicht mehr einsam, nicht mehr draussen, sondern alle in einem Haus.»
Von dem Tag an sind Opfer überflüssig, man braucht sich nicht mehr um die Schädel, oder also diese Ahnen, zu kümmern. Aber da immer wieder Menschen sterben, füllen sich im Dorf die Schädelkrüge wie-

Einige Zeit nach der Beerdigung hebt man die Schädel aus den Gräbern und versorgt sie an bestimmten Kultstätten in Tongefässen.

der, und wenn alle besetzt sind, wird es wieder Zeit für eine grosse Totenfeier.
Wenn wir in Fignolé mit den bärtigen Missionaren zusammensassen, fehlte es uns gewiss nicht an Gesprächsstoff. Ungelöst und unbeantwortet blieb die Frage, woher der Brauch stammt, die Toten in lange Bänder einzuwickeln.
Niemand weiss, woher die zahlreichen grösseren und kleineren animistischen Gruppen stammen, welche die Bergländer und die Sumpfgebiete im Norden Kameruns besiedeln. Man war lange Zeit, sicher auch noch 1955, als ich zum ersten Male im Land der Doayo war, der Meinung, dass diese gegenwärtigen Bauern nicht der alten autochthonen Bevölkerung entsprächen, sondern weit aus dem Osten eingewandert seien. Erst viel später, etwa Anfang des 19. Jahrhunderts, seien sie dann von den eingedrungenen mohammedanischen Fulbe in schwer zugängliche Gebiete abgedrängt worden. Der Meinung waren auch die Patres, mit denen wir darüber diskutierten. Gegenwärtig glaubt man aber doch, diese Bergbauern in den Alantika, in den Bergen von Poli und auch in den Mandarabergen seien «stets» dort zu Hause gewesen. Aber damals haben wir bei einem dünnen Whisky munter weitergerätselt. Man hat immer angenommen, dass die sehr entwickelte Eisenkultur schon sehr früh aus dem Nordosten in diese Bergländer gekommen sei. Und da tauchte damals die Meinung auf, die Verwendung der langen Bänder beim Totenkult der Doayos könnte vielleicht auch einem Brauch im Nordosten entsprechen und nichts anderes sein als eine Erinnerung an oberägyptische Einbalsamierungen. Der Sinn dieses Tuns, das Konservieren der Leichen, sei allerdings längst verlorengegangen.
Dann wäre dieser Brauch, Tote in Bänder einzuwickeln, so fanden wir damals, ein hübscher Baustein in einem Gebäude, das die Herkunft der Bergler aus dem Osten des afrikanischen Kontinentes beweisen sollte. Aber es handelt sich dabei nur um eine durch gar nichts bewiesene Annahme.

Respektheischender alter Doayo, der während der Totenfeier mit grosser Autorität aufpasste, dass man keine der notwendigen Zeremonien ausliess.

Wieder im Land der Doayo

Selbstverständlich habe ich nun auf meiner letzten Reise wiederum Fignolé besucht. Voller Spannung fuhr ich zur Missionsstation, fand mich aber gar nicht zurecht. Aus dem damaligen bescheidenen Vorposten der katholischen Christenheit war ein «Unternehmen» entstanden. Da hörte man aus einer mechanischen Werkstätte in einem grossen Hangar Hammerschläge und das Zischen eines Schweissapparates. Nicht weit davon fabrizierte man in der Schreinerei Tische, Küchenstühle und allerlei andere Möbelstücke. Einem Schulgebäude entströmten am Mittag wohl mehr als hundert Kinder; seinerzeit hatte man uns voller Stolz die paar ersten Schulbuben gezeigt.

Jetzt hatten hier ein paar junge afrikanische Lehrer einer weiblichen Direktorin zu gehorchen, einer kanadischen Nonne, deren Äusseres nichts an sich hatte, was zur Klischeevorstellung eines Protestanten passt. Die Pädagogin trug keine gestärkte Haube, auch kein schwarzes, langes Kleid. Sie war hübsch frisiert, mit einer hellen, ärmellosen Bluse und kurzem Jupe sommerlich gekleidet, so entstieg sie ihrem kleinen Auto, mit dem sie herangebraust kam, und ihr fröhliches Lachen wirkte ansteckend.

Überall im Missionsgelände spendeten mächtige Bäume willkommenen Schatten, «Flamboyants» mit ihren roten Blütendächern waren darunter. Am Rand, reichlich versorgt mit sauberem Quellwasser aus den Bergen, waren Gärten angelegt mit Gemüsen aller Art, mit Ignam (Yams), Mais und Bananenhainen, und auch die Blumen hatte man nicht vergessen. Da liess sich sicher besser leben als seinerzeit. Die einfache, recht grosse, von aussen betrachtet ein wenig traurig und langweilig wirkende Kirche mit ihrem öden Wellblechdach war mir

Ein kleines Doayo-Dorf in den grünen Hügeln hinter Poli. Die wohlgeformten Hirsestrohdächer müssen etwa alle zwei oder drei Jahre erneuert werden.

auch neu. Im Innern versöhnten mich farbige Glasfenster, die das Sonnenlicht brachen und bunte Teppiche auf den Betonboden zauberten. Neben dem Altar fand ich, noch durch einige Zupfinstrumente bereichert, die Trommeln, Eisenglocken und Rasseln wieder, die uns fünfundzwanzig Jahre früher beim Totenkult so beeindruckt hatten.
Und noch etwas erinnerte mich sofort an jenes Erlebnis. Vor dem alten, ersten bescheidenen Wohnhaus von damals, in welchem immer noch ein Pater wohnt, stand wie damals ein grosser, roter Fetischbaum, und an einem zwischen der Astgabel gespannten Eisendraht hing wie damals das christliche Kreuz (siehe Bild auf Seite 98). Man passt sich an; in der Kirche musiziert man mit den alten Instrumenten, die bei Kulten eine Rolle spielen, die Musikanten entlocken ihnen sicher nicht süssliche Melodien, und das Kreuz hängt am Fetischbaum, den man früher mit Menschenblut beschmierte.

Und dann traf ich Pater Chauvat. Ich erkannte ihn sofort, er aber hatte Mühe mit mir. Erst als ich meine Fotos von damals hervorkramte, die Bilder vom Totenkult und von ihm und seinem damaligen Gefährten, dem Pater Megret, wurde die Erinnerung wieder lebendig. Der Lärm unseres Fahrzeuges hatte ihn aus einem Schuppen gelockt. Er erschien in Arbeitskleidern, in blauen Hosen und einem ärmellosen Leibchen, und mir schien, er trage immer noch den gleichen breitrandigen Schlapphut wie damals.
Aber älter war er wie ich auch geworden, er ging etwas nach vorn gebeugt, und sein mächtiger Bart, in der Art, wie ihn katholische Missionare tragen, war grau geworden. Er wirkte väterlich freundlich und viel ruhiger. Damals galt er als ungestümer Draufgänger, als ungebärdig und manchmal unbequem, aber so etwas gibt sich immer, wenn man älter wird. Es war schön, zuzusehen, wie er mit den Kindern umging, und als er ihnen meine mitgebrachten Bilder zeigte und erklärte, sass er in einer Schar von Buben und Mädchen, die sich ohne Scheu an ihn kuschelten.
Mitarbeiter von Pater Chauvat war nun ein Laienbruder, Monsieur Martin, offenbar ein tüchtiger Mechanikus und Allerweltshandwerker, und beide lebten da in der üblichen Einfachheit und Armut. Wir verbrachten in Fignolé gute Tage. Da sassen wir nach dem Nachtessen – Ignam mit Kohl, Karottensalat, Mangofrüchte und Bananen, alles aus dem eigenen Garten und wie üblich von einem schweigsamen Buben aufgetragen – in tropisch warmen Abenden auf der Terrasse

Auf der Missionsstation von Fignolé lebte immer noch, wie vor fünfundzwanzig Jahren, Pater Chauvat, hier mit einigen Zöglingen meine alten Fotos betrachtend.

hinter dem Haus. Wir unterhielten uns über die Doayo, und Pater Chauvat bestätigte mir, was ich ja bereits nach kurzem Aufenthalt ahnte: Wohl trügen nun die Menschen europäische Kleidungsstücke, aber der Zivilisationsfirnis sei dürftig und dünn. Höchstens zwanzig Prozent der Bauernkinder gingen hier zur Schule, und die Anbaumethoden hätten sich kaum verbessert. Immer noch herrsche die kurzstielige Hacke vor und gar nicht der Pflug. «Man hat Zeit, niemand ist erpicht darauf, etwas zu ändern», meinte der Pater.

Die Totenfeste seien geblieben, der Schädelkult noch lebendig. Da war es nun überaus ärgerlich, zu vernehmen, dass wir eines der grossen, nur alle fünf oder sechs Jahre stattfindenden Schädelfeste eines nahen Dorfes nur um einen Tag verpasst hatten.

Katholische Missionare leben oft während Jahrzehnten auf dem gleichen Posten; es sind in der Regel gebildete Menschen, die sich zum Unterschied zu Beamten sehr für Völkerkunde interessieren, so dass man bei ihnen zuverlässige Informationen erhält.

Pater Leuleu von der Missionsstation Poli lebte auch schon mehr als zwanzig Jahre unter den Doayo und ihren Nachbarvölkern. Zu meiner grossen Überraschung entdeckte ich bei ihm einen Eisenbarren, der aus dem Reduktionsofen des Schmiedes eines nahen Massivs stammte. Das war nun eine grosse Neuigkeit für mich, als ich vom Pater erfuhr, dass man hierzulande, gar nicht so weit von Poli entfernt, bis zum Jahr 1977 Eisen fabriziert hätte. Ich bin sicher, dass unser Freund Relly nichts davon gewusst hatte, denn er hätte es mir seinerzeit sicher nicht verheimlicht, besonders weil er ja meine Bilder von den «Eisenkochern» aus den Mandarabergen kannte. Erstaunlich finde ich die Tatsache, dass diese alte Technik, aus dem Magnetit der Flussläufe schmiedbares Eisen zu gewinnen, hier mindestens zehn Jahre länger lebendig geblieben ist als weiter im Norden in den Mandaras. Dort «kochen» die Schmiede an einigen Orten nur dann noch ihr Eisen, wenn man sie darum bittet und reichlich bezahlt.

Auf der Missionsstation von Poli, die von Pater Leuleu geleitet wird, wohnen ausser ihm noch zwei europäische Ordensschwestern. Eine leitet eine Haushaltschule, die andere gibt sich in Poli mit Säuglingspflege ab. Und auch diese beiden jungen Frauen schienen mir, wie die kanadische Schulleiterin von Fignolé, glücklich zu sein und in dieser Arbeit ein erfülltes Leben gefunden zu haben.

Der Mission war auch eine Primarschule angeschlossen mit einheimischen Lehrern. Dass dies, hier am Rand des Ortes neben der offiziellen Staatsschule, sinnvoll sein soll, habe ich nicht eingesehen.

Mit Pater Leuleu unternahmen wir einen grossartigen Ausflug ins Bauernland der Doayo. Seine Begleitung war besonders wertvoll, weil er, wie mir schien, in allen Gehöften zu Hause war und alle Leute kannte, denen wir begegneten. Wir fuhren auf einer miserablen steini-

Die Söhne gehen in die Missionsschule und besitzen Transistorradios, aber daneben sind die alten Schädelkulte immer noch lebendig (Foto aus dem Jahr 1980).

gen Piste mit vielen Gräben und Runsen zwischen zwei Hügelzügen durch ein langgezogenes Tal, das mit einem sanften Anstieg auf einem Pässchen endete. Das nächste Tal jenseits der Wasserscheide ist Eingeweihten bekannt, weil dort Tausende von Rônierpalmen stehen, die allerdings an diesem Tag mit ihren vielen dürren, traurig herabhängenden Ästen keinen besonders prächtigen Anblick boten. Viele der Bäume waren von Buschfeuern angebrannt. Verkohlte Strünke, armselige Baumleichen vielerorts, und Rhossey, mein Dolmetscher auf einer Reise im Nordosten des Nigers, hätte wieder einmal Grund gehabt, empört über die Faulheit dieser Leute zu schimpfen. «Ils n'ont même pas fait la toilette des palmiers!» meinte er jeweils, wenn wir in einer Oase ungepflegte Dattelpalmen sahen.

Doch die Rôniers brauchen natürlich nicht die Pflege wie eine königliche Dattelpalme. Mit ihren fast kinderkopfgrossen Früchten weiss man nicht besonders viel anzufangen, aber der Baum liefert doch termitensicheres Bauholz, und die zu Fasern zerzupften Blätter lassen sich zu Matten flechten und zu Seilen drehen.

Wir fuhren jetzt nach den ersten starken Regenfällen durch eine paradiesisch schöne Emmentalerlandschaft. Sanfte Hügel vor steil aufragenden kristallinen Bergen, Äcker mit gutem Boden, viel offenes, saftig-grünes Weideland, Wäldchen mit üppiger Vegetation, dazwischen gestreut kleine Weiler, geschlossene Familiensiedlungen. Nur ein paar hundert Kilometer weiter im Norden, am Südrand der Sahelzone, plagen sich die Bergbauern mit kargen Terrassenkulturen ab, sie leiden alle paar Jahre unter der Trockenheit, wenn die Monsunregen allzu dürftig sind. Hier hätten noch viel mehr Menschen Platz, schien mir.

Draussen in der dünnbesiedelten Savannenlandschaft ziehen nomadisierende Fulbe mit ihren hellen, gar oft schrecklich mageren Zeburindern durchs Land, im ewigen Streit mit den sesshaften Bauern, aber hier bei den Doayo weiden fette braune Kühlein mit geradem Rücken, alle wohlgenährt.

Die Gehöfte stehen stets im Schutz ehrwürdiger Schattenbäume, und sie sind mit einem fast mannshohen Hag von kakteenähnlichen Euphorbien umgeben, die als Zaun dienen. Gleichzeitig betrachtet man diese Pflanzen als heilig und erwartet von ihnen Schutzwirkungen.

Sehr eindrücklich war der Besuch eines Gehöftes, in welchem ein sehr alter Sippenvater mit den Familien seiner Söhne lebt. Pater und Greis hockten zusammen auf der Erde, beide Männer mit guten Gesichtern

und schönen Augen; wer hätte entscheiden wollen, welcher von beiden, die sich da wie Freunde unterhielten, der abgeklärtere Mensch war. Der alte Bauer musste bereits weit über achtzig Jahre lang in diesem Tal gelebt haben, denn er erinnerte sich genau daran, die ersten Deutschen gesehen zu haben, die im Jahr 1907 in Poli auftauchten.
Sein Gehöft wirkte etwas verlottert, in der Erinnerung blieb mir der Eindruck von Unordnung, aber dort sah ich doch einige schöne Rundspeicher, deren Tonwände mit ornamentalen Dekorationen geschmückt waren.
Unter einem alten Baum, an welchem allerlei Zauberdinge hingen,

Ein ehrwürdiger Greis. Noch ist in diesen Bauerngehöften der Einheimischen der Respekt vor dem Alter eine unangetastete Selbstverständlichkeit.

Trockenzeit-Küche in einem Doayo-Gehöft. Die Hausfrau ist eben dabei, den gekochten Hirsebrei in verschiedene Kalebassen zu verteilen.

waren Spuren von geopferten Hühnern und Hirsebier zu sehen. An diesem Kultplatz innerhalb des Zaunes standen mehrere Krüge, welche die Schädel verstorbener Familienmitglieder enthielten. Ich hatte sicher nicht erwartet, nun auf dieser Reise, so nahe von Poli, von Schulen und Missionen, noch einmal dem Schädelkult zu begegnen. Obschon das Tal seit mehr als zwanzig Jahren unter dem Einfluss christlicher Prediger steht, die von den guten Leuten oft die Entscheidung verlangen, ob sie katholisch werden wollen, ob ihnen die Ansich-

ten amerikanischer Presbyterianer besser zusagen oder ob sie wie Fulbe eher an die Lehren Mohammeds glauben sollen, scheinen viele doch starrsinnig am Alten, nach ihrer Ansicht Bewährten, festhalten zu wollen. Da gibt es immer noch Dinge, von denen die Frauen nichts erfahren dürfen, noch immer werden Knaben während sechs Monaten in heiligen Wäldchen abgesondert, mit Initiationsübungen unterwiesen und für Mannbarkeitsfeiern vorbereitet.

Mir gefällt es und ich finde es tröstlich, dass diese hartschädeligen Bauern nicht besonders fortschrittsgläubig sind. Weniger gefällt das dem jungen Präfekten von Poli, er schimpft über die Engstirnigkeit

In der katholischen Missionsstation von Fignolé fand ich fünfundzwanzig Jahre später diesen alten Fetischbaum mit dem christlichen Kreuz an der gleichen Stelle wieder. Nur der Hintergrund hat sich verändert.

dieser Leute, welche Reformplänen der Obrigkeit so sehr misstrauen. Einer, der mir meine Meinung sicher nicht übelnahm, war Pater Leuleu. Er war kein Eiferer, kein «Götzenbilderzerstörer». Manchmal werden Menschen, die während Jahrzehnten im afrikanischen Hinterland leben, von ihrer Umwelt genauso geformt, wie sie versuchen, die Partner zu verändern. Man nähert sich einander in den Ansichten; das ist nicht verwunderlich.

Ich war fast erschrocken, als der Pater beim vorhin erwähnten Kultplatz einen Schädel aus einem der Töpfe heraushob, ihn hübsch plazierte und mich ermunterte, eine Aufnahme von ihm zu machen. Einer der Söhne des Greises stand daneben, andere Menschen beobachteten uns. Ich hätte nicht gewagt, hier zu fotografieren, einerseits aus Taktgefühl und Hemmungen, andererseits einfach aus Angst vor feindseligen Folgen.

Kein Mensch nehme ihm das übel, behauptete der Pater, das Verhältnis zum Tod sei ganz anders als in unsern Breiten, jedenfalls viel natürlicher, und er selber sei übrigens längstens in die Gemeinschaft der Alten aufgenommen, er sei bereits in einem höheren Grad initiiert, und man habe ihn öfters an die heiligen Stätten mitgenommen.

Nun weiss ich also, dass auch bei den Doayos die Ahnenverehrung lebendig geblieben ist, ich weiss, dass man immer noch die Schädel von den Leichen trennt und ihnen Opfer bringt. Ob ihn das als christlichen Missionar denn nicht störe, fragte ich, man stelle sich das doch vor, Blut- und Bieropfer für kahle Schädel, die man lieben Verwandten abgetrennt hat!

Seine Antwort war erstaunlich, fast aufregend: Er sei gar nicht gegen diese Kulte und würde nie daran denken, sie zu verbieten, denn zu Verstorbenen zu beten und ihnen Opfer zu bringen, sie also nicht zu vergessen, könne ganz gewiss nichts Böses sein. Die Tradition der Ahnenverehrung sei durchaus lobenswert. Da konnte ich ihm natürlich nur zustimmen.

Aber entspricht nun diese Meinung eines Paters, der den Schädelkult nicht nur duldet, sondern lobt, einer fast wunderbaren Toleranz, oder ist es eine wohlberechnete Anpassung des Katholizismus wie mit den Kultglocken und Tamtam-Melodien bei der Messe und dem christlichen Kreuz am roten Fetischbaum?

Der Damm am Faro

Dass Flüsse trennen, weiss man. Besonders eindringlich wird es einem am Faro bewusst. Gegen Ende der Trockenzeit fliesst er als dünnes Rinnsal und in der Regenzeit als gewaltiger und ungebärdiger Fluss von den Nordhängen des Adamaua-Hochplateaus nordwärts und ergiesst sich westlich von Garoua in die Benué, dort, wo dieser Strom dann kurz danach Kamerun verlässt (siehe Karte auf Seiten 180/181).
Ein schmaler Landstrich zwischen dem Faro und der Bergkette der Alantika gehört noch zu Kamerun, aber durch die natürliche Grenze, welche der Fluss bildet, ist dieses Gebiet abgeriegelt und sehr vernachlässigt, besonders weil immer noch eine Brücke fehlt. Man behilft sich mit einem Knüppeldamm, der etwa im Januar gebaut wird, sobald ein niedriger Wasserstand es erlaubt. Die ersten Hochwasser im Mai schwemmen ihn weg, so dass es wieder während sieben oder acht Monaten unmöglich ist, mit einem Auto ans linke Faro-Ufer zu gelangen. Deshalb ist es erklärlich, dass sich die Einwohner dieses knapp hundert Quadratkilometer grossen Streifens wirtschaftlich immer mehr nach Nigeria orientieren, aber das passt der Regierung wenig.
Man müsste endlich eine Brücke bauen, wird gefordert, denn längst rechnen in den kleinen Dörfern links vom Faro die Menschen in der Ebene und die wenigen, die oben in den Bergen geblieben sind, mit der nigerianischen Währung, dem Naira, genausogut wie mit dem kamerunischen Franken. Über den Grenzort Kobi kommen sie leicht ins Nachbarland und zu viel billigeren Waren. Und für Tiere, die man drüben verkauft, löst man bedeutend mehr als im eigenen Vaterland.
Die Autos und Motorräder, meistens japanische Marken, kauft man in Nigeria. Zucker, Zigaretten, Tuch, weisses «englisches» Modelbrot holt man drüben. Auch wenn man den Zoll bezahlt, lohnt sich die Reise; ausserdem ist es immer möglich, sich mit den Zöllnern zu verständigen, und Schmuggelpfade kennt ein jeder.

Das sind selbstverständlich Zustände, welche der Landesregierung nicht gefallen, und man hofft, mit dem Bau einer Brücke die Menschen «de la rive gauche» – die vom linken Ufer – wieder mehr von der Grenzgängerei abzuhalten. So unrecht hatte ein Händler mit seiner etwas bissigen Bemerkung auch nicht, man dränge nun neuerdings wieder auf den Bau einer Brücke, damit die Herren von Poli leichter den billigen Einkauf in Nigeria nutzen könnten.
Als ich nun 1980 wieder am Faro war, sprach man von Vorstudien zu einem Brückenbauprojekt. Aber von Vorstudien, Sondierungen, grossartigen Projekten und verbrauchten, sehr ansehnlichen Planungskrediten hatte ich schon fünfundzwanzig Jahre früher gehört. Damals, Anfang Januar, war der Damm noch nicht gebaut, so dass wir den Fluss in Pirogen überquerten; diesmal, Ende April, war der Brückenersatz bereits von schweren Lastwagen zusammengedrückt und von den ersten Hochwassern unterspült, also unbrauchbar geworden, so dass wir mit unserm Wagen am Ufer standen und nicht recht wussten, ob wir eine Traversierung im etwa knietiefen Wasser wagen durften.

Zum Kummer der Behörden zeigen die Bewohner nur zu oft die Neigung, in Nigeria einzukaufen und dann auf den Pisten den Zöllnern aus dem Weg zu gehen.

Monsieur Relly, der Herr der Subdivision von Poli, hatte dafür zu sorgen, dass die Erdnussernte der Kantone Tschamba und Wangai von der Westseite des Faro abgeholt wurde. Dazu benötigte man eben den Damm, der stark genug sein musste, um Lastwagen zu tragen. Relly zwang damals die Menschen, mehr anzubauen, und sorgte gleichzeitig dafür, dass man ihnen die Ernte zu einem ordentlichen Preis abkaufte. Wirtschaftlich war das sicher nicht. Die im einfachsten Hackbau produzierten Nüsschen, die man über unendliche Strecken transportieren musste, lieferten den Franzosen ein Arachide-Öl, das viel teurer war als dasjenige, das auf internationalen Märkten angeboten wurde. Aber

Es nützt wenig, den Anbau der Erdnuss zu fördern, wenn nach der Ernte der Abtransport wegen der fehlenden Brücke über den Faro nicht reibungslos geht.

den Bauern verhalf man doch mit dieser Art Entwicklungshilfe zu bescheidenen Einnahmen.
Seinerzeit kampierten wir während ein paar Tagen genau zu jener Zeit am Faro, als etwa zweihundert armselige Schwarze daran waren, in Fronarbeit den Damm zu bauen. Zwei harmlose Flüsschen, eher Bäche, flossen damals noch durch das sandige Flussbett, das von einem Ufer zum andern mehr als achthundert Meter breit war. Die Arbeit an diesem Knüppeldamm war bereits weit fortgeschritten, aber es vergingen dann doch noch mehr als drei Wochen, bevor der erste Lastwagen darüberfahren konnte.
Das Tagwerk der Arbeiter begann jeweils um sechs Uhr früh und dauerte bis zum Sonnenuntergang. Während vieler Stunden waren die geplagten Menschen im schattenlosen Flusslauf unter der hellen Sonne tätig, und ich wunderte mich, dass der stämmige Aufseher, ein narbengeschmückter Sara aus dem Tschad, imstande war, die Arbeit so zu organisieren, dass jeder der zerlumpten Handlanger immer beschäftigt war oder doch wenigstens wusste, was er tun sollte.
In Gruppen hockten sie im glühenden Sand und flochten dickes Hirsestroh zu schier endlosen Matten. Andere schaufelten Erde, deckten feuchte Stellen zu, zerhackten steile Uferböschungen zu sanften Rampen. Dort, wo die Strohmatten bereits zwischen den eingeschlagenen Knüppeln auf dem aufgeschütteten Damm lagen, wurden sie mit Erde schuhtief zugedeckt und mit Holzkeulen zu einem harten Belag geschlagen.
Ein Zug von sieben Dutzend Sklaven trug auf den Köpfen Körbchen voll schwarze, lehmige Erde zum Damm, stolze Bergler und armselige Knechte. Unter ihnen waren müde alte Männer und kaum zwölfjährige Buben. Und wenn sie mit schweissnassen Gesichtern und verschmierter Haut mit ihren leeren Körbchen zurückgingen, sangen sie stets dasselbe traurige Liedchen.
Die Dorfleute wollten nichts von ihnen wissen, Hütten baute man ihnen keine, so verbrachten sie alle die kühlen Nächte im Freien. Sie legten sich rund um ihre Feuer auf Strohmatten, nicht jeder besass eine Decke. Für ihre Nahrung mussten sie selber besorgt sein, so kochten sie gruppenweise den üblichen Hirsebrei und brieten sich über der Glut etwa noch ein paar Mäuse, die man tagsüber mit Knüppeln erschlagen hatte, oder anderes Kleingetier. Die meisten dieser Leute kamen aus den Bergen, deshalb kannten sie kaum die Kunst des Fischens.
Einmal brachte Relly einen jungen Stier, um seine Knechte anzuspor-

Die Bilder bis Seite 114 zeigen den Bau eines Knüppeldamms über den Faro, der jedes Jahr wieder neu gemacht werden muss. Hier der Beginn der Arbeiten.

nen. Das Tier wurde sofort geschlachtet und am gleichen Abend verzehrt, aber da das Fleisch unter zweihundert Menschen geteilt werden musste, erhielt jeder herzlich wenig. Trotzdem rühmten sie den Commandant, den mächtigen weissen Chef, der ihnen grosszügig dieses Geschenk gebracht hatte, sie sangen und lobten in ihren Strophen vergnügt seine Güte und Freigebigkeit und waren an ihren Feuern einen Abend lang glücklich.

Ach, es war zum Heulen! Beim Betrachten der Fotografien von damals wird das alles wieder lebendig, erschrecke ich jedesmal aufs neue. Fünf, fast sechs Wochen lang waren diese geplagten Fronarbeiter gezwungen, mühselig den Damm zu bauen, und keiner von ihnen brachte nachher so viel Geld nach Hause, wie bei uns gegenwärtig ein Lehrling in zwei Tagen verdient. Und nach zwei Monaten, oder – wenn man Glück hatte – etwas später, vernichteten die Wogen des Stromes wieder das mühsam erschaffene Werk. Jahr für Jahr, und alles schien so sinnlos und grausam, und immer noch ist es so. Seinerzeit hat man in den Kolonien Strassen und Pisten ja ebenfalls im Frondienst gebaut und die Dorfleute vielleicht mit ein paar Tassen Salz entlöhnt.

Als ich damals wieder einmal in Poli weilte, stellte ich Freund Relly zur Rede, ich wollte eine ehrliche Auskunft von ihm. Wir sassen in seiner Veranda, wir schlürften einen eisgekühlten Whisky, der Abendwind wisperte in den Blättern einer Fächerpalme, und auf dem Dach gurrten ein paar Tauben. Es war so friedlich und freundlich hier unter dem Dach des alten Kolonialhauses, und doch musste ich, beunruhigt, diese Ruhe stören, und so sprach ich vom Damm und von Sklaverei und Ausbeutung. Relly nahm es mir gar nicht übel, er begreife wohl meine Empörung, bat mich aber, ihm nun zuerst zuzuhören, bevor ich endgültig urteile.

Folgendermassen verteidigte er sich oder begründete er den Dammbau: Die Bauern auf der andern Seite des Faro haben früher über den Eigenbedarf hinaus kein Pfund Erdnüsschen angepflanzt. Das wäre auch fast sinnlos gewesen, weil sie damals kaum die Möglichkeit gehabt hätten, die Ernte zu verkaufen. Bereits die Vorgänger Rellys, ebenfalls Franzosen, verteilten besseres Saatgut und zwangen mit sanftem Druck die Bauern, mehr jungfräuliche Erde zu roden und mehr Nüsschen anzupflanzen. Allmählich wurden in den beiden Kantonen Wangai und Tschamba mehrere hundert Tonnen Erdnüsse produziert, welche man den Produzenten zu einem von der Regierung festgelegten, einigermassen anständigen Preis abnahm. Damit erreichte man ein doppeltes Ziel: Die Leute kamen zu Bargeld, um ihre Kopfsteuern bezahlen zu können, und ausserdem zwang man sie, fleissiger zu sein und ihre Armut durch Selbsthilfe etwas zu mildern, denn die Kopfsteuern machten nur einen bescheidenen Teil der Einnahmen aus.

Die gefüllten Säcke lagen nach der Ernte auf der andern Seite des Flusses am Fuss der Berge, man musste dafür sorgen, dass sie mit Lastwagen abgeholt wurden. Deshalb bestand der Zwang, irgendeinen Flussübergang zu bauen. Eine Brücke hätte viel zu viel gekostet, und

Steile Uferböschungen werden abgetragen, und draussen im Flussbett muss der Damm aufgeschüttet werden. Seinerzeit geschah das ohne Maschinen und Fahrzeuge.

Diese Bergler kamen ganz gewiss nicht freiwillig. Alljährlich wurden etwa hundert Männer zu einer fünfwöchigen, kaum bezahlten Fronarbeit aufgeboten.

für den Damm bewilligte die Obrigkeit dem geplagten Administrator Relly nur etwa zweitausend Schweizer Franken. Diese lächerliche Summe verteilte er unter zweihundert Bergler als Lohn für eine mehrwöchige Arbeit.

An dieser Stelle seines Berichtes schimpfte er auf herrlichste Weise, wie es nur ein Elsässer kann, über seine Vorgesetzten, die Büroherrschaften in der Hauptstadt, die er nie dazu hatte überreden können, den Kredit zu erhöhen, geschweige denn eine Brücke wirklich zu bauen, statt nur ständig davon zu reden. Gleichzeitig aber gab er zu bedenken, dass der Aufwand doch in irgendeinem vernünftigen Verhältnis zum Nutzen stehen müsse. War die Erdnussernte einmal über den Fluss gebracht, so lag sie immer noch irgendwo mitten in Afrika, und der Weg zur Küste war weit und beschwerlich und teuer.

Nun die Fortsetzung von Rellys Verteidigungsrede: Strassen und Flussübergänge, die in schlechter oder kaum bezahlter Zwangsarbeit herge-

Am Ufer des breiten Flussbettes des Faro angekommen, geniesst man zum ersten ▸ Mal einen Blick auf die damals wie heute noch unberührten Alantika-Berge.

stellt werden, baut man wirklich nur im Interesse der Einheimischen. Aufkäufe sind für den Staat unwirtschaftlich, die Nüsschen werden durch die Transportkosten für den Export zu teuer.

Ob es denn so schlimm sei, Menschen zu einer Gemeinschaftsarbeit zu zwingen, die allen von Nutzen sei? Ob ich denn nie gesehen hätte, wie all die Herrschaften – er brauchte wirklich diesen Ausdruck – in der Trockenzeit nichts tuend herumdösten, ob es denn so grausam sei, sie zu nützlicher Arbeit im Dienst der Dorfgenossen aufzuforden?

Ich musste zugeben, dass die Leute, die ich am Damm an der Arbeit gesehen hatte, in dieser Jahreszeit daheim wohl «abkömmlich» waren. Denn in der Trockenzeit wird auf den Feldern nicht gearbeitet, es ist die fröhliche Zeit des Nichtstuns, des Bierbrauens und der Feste, und die einzige wirklich notwendige Arbeit, das Erneuern der Dächer, benötigt bloss einige Tage.

Und voller Eifer wehrte sich mein Angeklagter und fragte: «Bitte, soll

ich weiterhin zu Sklavenlöhnen, weil eben die Mittel fehlen, den Damm bauen und den Bauern die Ernte abkaufen, soll ich die lieben Faulenzer zu ihrem eigenen Wohl zur Arbeit am Faro zwingen, oder soll ich die Nüsschen in der nächsten Regenzeit drüben am falschen Ufer verfaulen lassen und den Anbau wieder aufgeben? Nur weil man nicht über den Fluss kommt?»
Es war gar nicht so leicht zu entscheiden, ob ich nun meinen Freund, der das Land und die Menschen liebte und sicher nach seinen Möglichkeiten das Beste wollte, loben oder verurteilen sollte.
Aber da war noch folgendes zu fragen. Ich wollte wissen, nach welchen Gesichtspunkten die armen Kerle, die den Damm bauten, rekrutiert wurden. Das hatte sich seinerzeit die französische Administration leichtgemacht. Man redete den kleinen Dorfchefs, Despoten allesamt, nicht drein. Sie hatten, jeder etwa im Verhältnis zur ungefähren Einwohnerzahl des Dorfes, eine bestimmte Anzahl von Arbeitern zu stellen. So baute man ja auch die Strassen. Hier lag bei meiner Dammbaugeschichte die empörendste Ungerechtigkeit. Die Chefs schickten sicher niemals ihre Freunde oder gar Verwandten, sie schickten sicher niemals einen Mann, der imstande war, sich mit Geld oder einem Geschenk beim Häuptling loszukaufen. Man zwang die Ärmsten, die wirtschaftlich Schwächsten, die «heidnischen» Bergler, die nichts von ihren Rechten wussten und niemals wagten, sich zu wehren, man schickte die, die nichts besassen als ihre Arbeitskraft.
«Que voulez-vous, c'est comme ça.» Jedermann zuckt die Achseln, es nützt nichts, sich zu ereifern. Die Machtverhältnisse, die Hierarchien sind ungebrochen; geplagt und allen Ungerechtigkeiten ausgesetzt sind die Schwachen. So war es damals vor fünfundzwanzig Jahren am Faro, und daran hat sich, es sei beklagt, in der neuen Freiheit bis heute wenig geändert.
Warum das so ist, begreift man viel besser, wenn man liest, was der Regierungschef eines wichtigen afrikanischen Landes einem Journalisten aus der Schweiz erklärte:
«Demokratie ist für Ihr Land sicher das Richtige, und dies auf Grund einer langen Evolution, einer bestimmten Weltanschauung eines bestimmten Volkes, aus einer Tradition entstanden und daher Ihrem Land angemessen.
Sehen Sie sich aber – historisch – in meinem Lande und in allen meinen Nachbarländern um. Sie werden feststellen, dass in jeder noch so kleinen Gemeinde, in jedem Dorf, in jeder Stadt oder auch in jedem

Stamm immer nur einer, der Häuptling, bestimmt, was zu tun ist, und auch allein Recht spricht. Er hat seine Notabeln wohl neben sich, aber sie stehen unter ihm. Sie beraten ihn höchstens, und von einer Kollegialregierung wie in der Schweiz ist keine Rede.

Es ist also nur einer, der alles anordnet, für alles verantwortlich ist und dem jeder, vom Minister bis zum ‹Mann auf der Strasse›, zu gehorchen hat. Das ist eine jahrtausendealte Tradition, die übrigens bei der Familie beginnt, über die Sippe weitergeht und sich in der Gewaltausübung nach oben weiter verpflanzt. Es ist ganz undenkbar, dass eine solche, von der Tradition her bestimmte Art des Regierens durch eine

Das weichsandige Flussbett des Faro ist fast einen Kilometer breit. Damit Autos hindurchfahren können, legt man eine Schicht von Hirsestrohmatten hin.

Regierungsform nach westlichem Muster, mit dem Mitspracherecht der Bevölkerung, abgelöst wird. Vielleicht in einigen Jahrhunderten, wenn einmal der Tribalismus, das Stammesdenken, bei uns ausgemerzt ist.»

Diese Darstellung stimmt mit den eigenen Erfahrungen seit vielen Jahren überein, und solange diejenigen, welche die Macht haben, keine Engel sind, wird es Geplagte geben.

Immer noch wird am Faro alljährlich aus Holz, Strohmatten, Sand und Erde ein langer Damm gebaut, und immer noch spricht man von Vorstudien, Projekten und Krediten für den Bau einer Betonbrücke.

Die Strohmatten würden von den Lastwagen bald zerfetzt sein, bedeckte man sie nicht mit Erde, die festgeklopft wird.

Zur Zeit des gestrengen Monsieur Relly hat man jeweils den Damm vor den schweren Hochwassern abgetragen, um die eingerammten Stämmchen, die Knüppel und die Querhölzer für den nächsten Winter zu retten, jetzt räumt der Strom auf seine Weise auf.
Allmählich beginnt geeignetes Holz für den Dammbau zu fehlen. In den letzten Jahren hat man nun die Dörfer längs der Strasse, die zum rechten Ufer des Faro führt, zur Lieferung von Holz gezwungen. Einige dieser Dörfer liegen bereits mehr als fünfzig Kilometer vom Fluss entfernt.
Die Arbeitskräfte haben nach wie vor nur die Dorfchefs des linken Faro-Ufers zu stellen, aber man beginnt sich allmählich doch darüber zu beklagen. Der Damm sei für die Leute östlich des Flusses auch wichtig. Das stimmt natürlich, denn viele der Dinge, die auf dem Markt von Poli angeboten werden, stammen aus Nigeria.
Unter welchen Bedingungen nun heute der Damm gebaut wird, hätte ich gerne wissen wollen. Ist es ein lobenswertes Gemeinschaftswerk aller, ist es immer noch Zwangsarbeit oder werden die Arbeiter zu den vom Staat vorgeschriebenen Bedingungen entlöhnt?
Söhne kleiner Bergbauern klagten, sie seien gezwungen worden, zu sehr geringem Lohn zu arbeiten. Einer der Notabeln des Chefs von Wangai dagegen erklärte, jeder, der Geld verdienen wolle, könne sich jeweils melden, und jeder einzelne Arbeitstag werde nach den gültigen Gesetzen bezahlt. «Allah, so sei es», fügte er bei. Die Wahrheit liegt wohl irgendwo in der Mitte.
Sicher ist eines: keiner der Einflussreichen, kein Reicher, kein Händler, keiner von denen, die vom Damm den meisten Nutzen haben, und kaum einmal ein Peul wird sich dort bei harter Arbeit die Hände schmutzig machen.

Als wir Ende April 1980 auf meiner zweiten Alantika-Reise wieder an den Faro kamen, war der Damm, wie bereits erwähnt, nicht mehr brauchbar. Da lag wieder das breite Flussbett vor mir, und weit weg, im Dunst eines heissen Nachmittags, entdeckte man auf der andern Seite unter grünen Bäumen die Strohdächer von Tschamba. Der Fluss, der sich im viel zu breiten Sandbett nordwärts mäanderte, mochte etwa hundertfünfzig Meter breit sein. Da stand ich mit meinem Begleiter Jürg oben auf der Uferböschung, und wir wussten nicht recht, ob wir es wagen sollten, durchs Wasser zu fahren. Andere hatten es kürzlich offenbar getan, frische Autospuren zeigten es.

Bei unserer Ankunft am Faro im Frühjahr 1980 war der Damm bereits wieder unpassierbar, Lastwagen hatten Äste und Baumstämmchen zusammengedrückt.

Vorerst liessen wir den Wagen stehen und wateten durch den Fluss. Das Wasser war nirgends viel mehr als knietief, und wenn der Sand nicht zu weich war, sollte es wohl gehen. Am jenseitigen Ufer hatten sich bei unserer Ankunft ungefähr dreissig Buben mit Baden und Fischen vergnügt, aber nun begleiteten sie uns alle zu unserm Wagen zurück und erklärten, es seien an diesem Tag bereits zwei Autos durch den Fluss gefahren. Besonders ein sehr hellhäutiger Peul zeichnete sich nicht nur durch seinen Vorwitz aus, sondern auch durch ein fehlerfreies flinkes Französisch. Der Zwölfjährige war offensichtlich der Anführer der Horde, die hier auf der Lauer lag, um geplagten Chauffeuren mit Schieben zu helfen und dabei einiges Geld zu verdienen.

Gut, es war anzunehmen, dass die Fahrt durch den Fluss gewagt werden durfte. Jürg war zuversichtlicher als ich. Aber wenn nun in den nächsten Tagen durch starke Regenfälle im Süden, die in dieser Jahreszeit wahrscheinlich waren, der Faro stark stieg und nicht mehr zurückging, sassen wir drüben in der Falle, denn vor dem Spätherbst könnten wir mit dem Wagen nicht mehr zurück. Rettung brächte einzig ein riesiger Umweg auf miserablen Pisten durch Nigeria, aber dieses Abenteuer ohne Visum im Schweizer Pass und mit einer kamerunischen Nummer am Auto lockte mich auch nicht sehr.

Andrerseits behagte mir die Vorstellung gar nicht, nun all unser Zeug, das wir im Wagen verstaut hatten – das Expeditionsmaterial, die Feldbetten, den Proviant und all das, was man eben braucht, um in der Wildnis leben zu können –, durch den Fluss tragen zu lassen und dann eine Möglichkeit zu suchen, ohne Auto zum vorgesehenen Standquartier, dem Dorf Wangai, zu gelangen. So beschlossen wir, die Fahrt durch den Fluss zu riskieren, unser Material direkt nach Wangai zu bringen, auf gut Wetter zu hoffen und den leeren Wagen dann möglichst bald wieder aufs rechte Flussufer zu bringen.

Ich schaute einigermassen besorgt zu, und Jürg brauste, mit der schreienden Bubenschar hinter sich her, in den Fluss hinaus. Er blieb gar nicht stecken, fuhr sogar so rasch durchs Wasser, dass kaum einer der Buben dazu kam, unsern gemieteten japanischen Geländewagen zu berühren, geschweige denn, ihn zu stossen.

Die Piste führte dann bald direkt ins Dorf Tschamba hinein, wie Wangai Sitz eines Lamido. Ein schönes Dorf voll Schläfrigkeit. Eine breite Strasse, die sich vor dem «Palast» des Lamido und der hässlichen Moschee zum Platz ausweitete. Geflochtene Matten schirmten die Gehöfte ab, ein paar riesige Affenbrotbäume mit weit ausladenden Kronen spendeten Schatten, und grün war hier nach den ersten Regen auch die Erde.

Ein Höflichkeitsbesuch beim Chef erübrigte sich, weil er nicht zu Hause war, auch den Lehrer trafen wir nicht, den man uns empfohlen hatte, so fuhren wir dann bald ohne weitere Hindernisse auf einer

Jede Durchquerung des Flusses mit seinen unbekannten Tiefen bedeutet ein kleines ▶
Abenteuer. Aber wir kamen doch heil hinüber und auch wieder zurück.

miserablen Piste noch etwa fünfundzwanzig Kilometer weit bis Wangai, wo wir beim Chef in dessen Gehöft ganz angenehm untergebracht wurden. Darüber und über das Dorf Wangai ist im nächsten Kapitel mehr zu erfahren.

Ein glücklicher Zufall wollte es, dass wir an diesem Abend noch den Administrator aus Poli trafen, der sich mit einigen Funktionären und Helfern auf einer mehrtägigen Reise durch die Dörfer und Dörfchen am linken Ufer des Faro befand. Er bestärkte mich in meiner Meinung, dass es klüger sei, das Material hier zu lassen und den Wagen bei Tschamba, der einzig möglichen Stelle, möglichst bald ans andere Ufer zu stellen. Gleichzeitig foppte er mich ein wenig wegen meiner Ängstlichkeit. Da ich bei dieser Gelegenheit hörte, dass die Reisegesellschaft am nächsten Abend nach Poli zurückzureisen gedenke, mit den beiden Wagen also über den Faro müsse, beschlossen wir, gleichzeitig mit ihnen ans andere Ufer zu fahren, um vielleicht notwendige Hilfe zur Verfügung zu haben.

In jener Nacht erlebten wir ein eindrucksvolles Tropengewitter, das uns mitsamt den Feldbetten vom Freien in eine heisse, enge Lehmhütte vertrieb. Pausenlos erhellten Blitze den Tornadohimmel, der Donner aber wurde übertönt vom Lärm des gewaltigen Regens, der auf unser Wellblechdach prasselte, und bald ergoss sich ein schmutziger Bach über die niedere Schwelle in unser Gehütt. Mit einiger Sorge dachten wir an den Faro.

Am nächsten Tag fuhren wir – wieder bei schönstem Wetter – mit unserm leeren Auto den gewaschenen Bergen entlang zurück nach Tschamba und sofort hinaus an den Fluss. Das Wasser war über Nacht gestiegen, und nun war auch Jürg seiner Sache nicht mehr so sicher, ungeschoren mit dem Wagen hinüberzukommen. So beschlossen wir vorsichtigerweise, auf die andern zu warten.

Wir vergnügten uns mit einem Bad und schlenderten den Fluss entlang und über Sandbänke. Ich war enttäuscht, dass ich ausser ein paar Milanen und Schildraben keinerlei Vögel entdeckte. Seinerzeit stelzten Marabu-Störche durchs Wasser, Kronenkraniche zeigten mit ausgebreiteten Flügeln ihre grotesken Tanzsprünge. Zahlreiche nordische Wasserläufer aller Art belebten mit Witwenenten die Sandbänke, und ich erinnerte mich an Pelikane, Sporengänse, Krokodilwächter. Auf

Ein gewaltiger Affenbrotbaum, mitten in der Dorfstrasse von Tschamba. Niemand verlangte bisher, der ehrwürdige Riese müsse dem Verkehr geopfert werden...

Sobald sich ein Fisch hineinverirrt hat, wird diese listige Falle mit einem Zugseil geschlossen. Der Wächter fängt die Beute dann mit blossen Händen.

angeschwemmtem Holz hockten Kormorane und streckten unbeweglich ihre schwarzen Flügel aus, als ob sie ihre Trauerkleider trocknen wollten.
Gab es auch hier wie am Logone kaum mehr Vögel, oder stimmte es mit der Jahreszeit nicht? An afrikanischen Flüssen findet man am Ende der Trockenzeit, wenn die Sümpfe kein Wasser mehr enthalten, in der Regel die meisten Vögel.
Der Präfekt war an diesem Abend sehr spät nach Tschamba gekommen, und alle schienen sehr müde zu sein. Es war schon finster, nur ein schwacher Mond glitzerte im Wasser, als wir uns endlich anschickten, mit dem Wagen den Fluss zu überqueren. Der Lamido von Tschamba hatte etwa zwanzig Burschen und Buben aufgeboten, die uns bereits am Ufer erwarteten. Monsieur le Commandant, der meine Sorgenfalten sah, tröstete mich, nicht gerade väterlich, denn er war ja wohl etwa vierzig Jahre jünger als ich, aber er versicherte, man werde schon helfen, wenn mein jugendlicher Chauffeur, solcher Hindernisse ungewohnt, draussen im Fluss steckenbleiben sollte.
Welch ein abenteuerliches Bild! Alle Passagiere waren ausgestiegen, in den Wagen sassen nur die Chauffeure, und nun turnte man über den zerbrochenen Knüppeldamm oder watete durchs Wasser, das einem nun stellenweise weit über die Knie reichte. Zuerst wagte der kleine Lastwagen des Chefs, ein hochbeiniger Diesel, die Fahrt. Das Jungvolk lief hinterher und patschte durchs Wasser, aber zu stossen brauchte es nicht.
Nun war der Landrover aus Poli an der Reihe, aber der Fahrer wählte einen falschen Kurs, geriet bald zu weit weg vom alten Damm in tieferes Wasser, blieb stecken und stand bald beängstigend schräg im Fluss. Die Burschen und das Bubenvolk versuchten mit wildem Geschrei, das wenig nützte, den Wagen zu bewegen. Sie schoben und stiessen, und vom Damm her brüllten ihnen die Leute des Präfekten gute Ratschläge zu, die keiner weder verstand noch begriff. Aber das Vehikel bewegte sich nicht, höchstens dass es noch tiefer einsank, weil die Strömung den Sand unter den Rädern wegschwemmte. Und friedlich spiegelte sich ein schmaler, freundlicher Mond, den das ja alles nichts anging, in den Wellen, die gelassen am Wagen vorbeizogen.
Aber nun fuhr Jürg mit unserm Auto in den Fluss hinaus. Wer von uns beiden mehr Herzklopfen hatte, weiss ich nicht. Er fuhr durch tiefes Wasser, erwischte eine Sandbank, wo es kaum schuhtief war, versank noch einmal weit über die Achsen im Fluss, dann erreichte er das

schmale Ufer. Er fuhr die Uferböschung hinauf, und dort drehte er sofort die Nase des Wagens wieder gegen den Fluss, um zu helfen. Wozu hatte er schliesslich an diesem Nachmittag die Seilwinde ausprobiert, die vorn an der Stossstange angebracht war?
Aber das Drahtseil war zu kurz und reichte nicht bis zu dem in Bedrängnis geratenen Wagen. Also fuhr er neuerdings hinab und in den Fluss hinaus auf die Sandbank. Nun war der Abstand nicht mehr zu gross, mit viel Geschrei wurde der gestrandete Landrover angehängt, das Seil straffte sich, und langsam zog Jürg den Wagen zu sich auf die knapp überspülte Sandbank. Er fuhr rückwärts wieder durchs tiefe Wasser – auch das gelang – ans rechte Ufer und die Böschung hinauf und brachte von dort aus des Präfekten Auto endgültig aufs rettende Land.
Jedermann klatschte Beifall, Jürg war der Held des Abends, der Chef dankte, seine Leute gratulierten, dann fuhr die Reisegesellschaft Richtung Poli, und wir stellten unsern Wagen neben einem Gehöft in den Schatten eines Baumes, in der Gewissheit, dass er dort nicht angetastet wurde und wir uns vor keinem Hochwasser mehr zu fürchten brauchten, denn mit Pirogen konnten wir ja später immer wieder über den Fluss, auch wenn aus ihm ein gewaltiger Strom geworden sein sollte.
Wir bummelten nach diesem Abenteuer vergnügt durch den Fluss nach Tschamba zurück, erwischten dort spät in der Nacht noch ein Auto, das uns nach Wangai zu unsern Feldbetten brachte, und ich wusste, dass bald jedermann von dieser Rettungsaktion hören würde. Es war nun sicher, dass ich mit der Hilfe des Präfekten rechnen konnte, und dass es für die Verwirklichung meiner Pläne keinerlei Hindernisse mehr geben sollte. So war es denn auch.

Hochzeitsfest in Wangai

Wangai ist ein ansehnliches Dorf, das vor allem von Fulbe und islamisierten Berglern, die ins Tal heruntergestiegen sind, bewohnt ist. Es ist Sitz eines Chef de canton. Die nächstkleinere Verwaltungseinheit nach dem Arrondissement nennt man wie in Frankreich auch in Kamerun einen Kanton. Das Dorf liegt am Eingang eines breiten Tales, einigermassen eingebettet zwischen Ausläufern der Alantika. Es lehnt sich an einen kleinen Felshügel, von dessen Höhe man die Siedlung gut überblickt. Grosszügig und breit ist der Platz vor dem mit hohen Mauern umgebenen Gehöft des Chefs angelegt, das man mit dem besten Willen nicht als Palast zu bezeichnen wagt. Da und dort ragen Bäume zwischen den Häusern empor, Kapokbäume und andere, aber auch aufgestengelte Papaia-Stämmchen. Ein Flüsschen, der Mayo Walte, fliesst am Westrand des Ortes vorbei und ergiesst sich in den Faro, kurz nachdem dieser sich mit dem Mayo Deo vereinigt hat.
Nein, viel hat sich in den letzten fünfundzwanzig Jahren hier nicht verändert. Das Wellblech verdrängt zwar immer mehr das Gras- und Strohdach, die hübschen Rundhäuser weichen dem seelenlosen Rechteckblock. Die Schule ist nun dreiklassig und viel grösser geworden, die Krankenstube war schon seinerzeit eingerichtet, aber noch immer lebt am linken Faro-Ufer kein Arzt. In Wangai findet man weder Post noch Herberge, das schöne alte Rasthaus dient jetzt andern Zwecken.
An Markttagen breiten einige Händler auf ihren Matten ein paar kümmerliche Waren aus: Sardinen, Zucker, trockene Biskuits, Seife und ähnliches, und noch heute wie damals ist man hier vom Wohlwollen des Chefs abhängig, um irgendwo unterzukommen.

Haman Jadschi, der Chef von Wangai, war uns seinerzeit eine grosse Hilfe. ►

Blick auf das heutige Wangai, das sich in den letzten Jahrzehnten kaum veränderte. ►►

Seinerzeit hiess der Lamido von Wangai Haman Jadschi, ein freundlicher, angesehener Mann, kaum viel über dreissig Jahre alt, der in der katholischen Schule von Poli erzogen worden war. Er war als Chef de canton das Oberhaupt der Fulbebevölkerung des Tales und zugleich auch der ungebärdigen Bergler, der Koma. Haman Jadschi war eher klein gewachsen, sprach mit freundlicher, leiser Stimme und hatte gar nicht das Gebaren eines rücksichtslosen Despoten. Aber seine Autorität wurde nie in Frage gestellt. Uns war er sehr zugetan, und wir fanden es sehr angenehm, dass er ausgezeichnet französisch sprach.

Er machte uns in der Zeit, die wir in Wangai verbrachten, das Vergnügen, zu heiraten. So zehrten wir damals nicht nur wie die andern Hochzeitsgäste vom Fleisch der geschlachteten Ochsen, schleckten Honigkuchen und knabberten geröstete Erdnüsschen, sondern erhielten auch, wie es Brauch und gute Sitten erfordern, etwas von den Geschenken, die dem heiratslustigen Chef in überreichem Masse gebracht worden waren.

So will ich nun von dem dreitägigen Fest berichten und erzählen, wie Haman Jadschi zu seiner zweiten Frau gekommen ist. Obschon er bei den Patres von Poli zur Schule ging, blieb er, der Tradition seiner Familie entsprechend, Mohammedaner. Den Entschluss, sich nach einer zweiten Frau umzusehen, hatte er etwa ein Jahr vor unserer Ankunft gefasst. Er schickte damals einen zuverlässigen Freund nach Tschamba, da man gehört hatte, dort finde man bei einem angesehenen Mann eine hübsche und gesunde Tochter im heiratsfähigen Alter. Der geheime Bote lebte einige Zeit in Tschamba und versuchte herauszubringen, ob der Vater der vorgesehenen Braut wirklich, wie man erzählte, Vermögen besitze, ob das Mädchen einen guten Charakter habe und gehorsam und hübsch sei. Er kümmerte sich darum, ob sie fleissig sei und arbeite und mit wem die junge Fulbefrau ihre Zeit verbringe. Der Bescheid, den der Freund nach Wangai brachte, war offenbar so übel nicht, und so schickte nun der Freier einen seiner Notabeln als Brautwerber, um mit dem zukünftigen Schwiegervater zu verhandeln und der Tochter die ersten Geschenke zu bringen, nebst dem üblichen Salz für die Verwandten. Den jungen Chef aus Wangai als Freier einer seiner Töchter zu wissen, war für den Mann in Tschamba eine grosse Ehre, so dass man bald einig wurde.

In vielen Fulbedörfern sind die Gehöfte meist von mehr als mannshohen, dicht geflochtenen Hirsestrohmatten umschlossen.

In der damals noch ungedeckten Moschee zu Tschamba schloss man in Anwesenheit einer grossen Zahl von Zeugen aus der Verwandtschaft den Ehekontrakt, in welchem, durch die frommen Gebete des mohammedanischen Schriftgelehrten besiegelt, genau festgelegt wurde, was der Bräutigam zu bezahlen und was die Braut in die Ehe zu bringen hatte. Da wurde die Höhe des «Sadak», des Geschenkes an die Braut, bestimmt, dann des «Rubu», der Geschenke an ihre Eltern und Verwandten. In unserm Fall war der «Sadak» eine Kuh, welche die junge Frau am Hochzeitstag praktischerweise wieder in die Ehe mitbringen musste. Haman Jadschi spendete als vermöglicher Mann, wie es sich gehört, zur Feier des Ehekontraktes dreihundert Kolanüsse. Er selber war in Tschamba nicht dabei, und seine Braut hatte er noch nicht gesehen.

Das alles habe ich vor allem von Monsieur Buba erfahren, dem tüchtigen Krankenpfleger und Sanitäter von Wangai, der uns oft freundschaftlich als Dolmetscher beistand und mir während fast zwei Wochen mein Bein salbte und massierte, das ich seinerzeit in den Bergen verletzt hatte.

Wir waren also in Wangai, als eines Tages ein Bote aus Tschamba dem Chef meldete, die Braut sei nun bereit, und man erwarte die Träger, um das Frauengut von Tschamba nach Wangai zu bringen. Nun war es höchste Zeit, eine Sänfte zu bauen, in der man die neue Frau etwa fünfundzwanzig Kilometer weit durch die Wildnis tragen wollte. Damals gab es auf jener Faro-Seite noch kein Auto. An einen bequemen Sessel band man zwei lange Stangen und baute um ihn mit Holzleisten und Matten und Tüchern einen Kasten, denn niemand durfte vor Ende der Festlichkeiten die Braut sehen. Eines Tages liess sich Haman Jadschi zu unserm Vergnügen und zum Spass aller von vier Knechten durchs Dorf tragen, um die Bequemlichkeit des Sessels zu prüfen und sich zu überzeugen, dass die Matten jede Sicht verhinderten.

Im grossen Gehöft des Chefs begannen aufgeregte und arbeitsreiche Tage. Das Haus für die junge Frau wurde mit neuen Matten gedeckt und sauber herausgeputzt, und man umstellte es noch mit hohen Hirsestrohmatten. Man begann bald einmal Fleisch, Hirse und auch Reis vorzukochen für die vielen Gäste, die man erwartete. Neugierige aus den umliegenden Dörfern reisten nach Wangai und wohnten während Tagen bei Freunden, und unter die in farbige, wallende Gewänder gekleideten Vermöglichen des Tales mischten sich fast nackte Bergler. Man hatte Musikanten und Sänger aufgeboten und

Tänzerinnen, die bereits Tage vor dem Fest begannen, den Chef zu rühmen und zu preisen.

Unter ihnen – ich erinnere mich genau an ihn – war ein stämmiger Griot, ein Gaukler, dessen tiefe Stimme alles übertönte. Früher galt er als unerschrockener Pantherjäger, aber nun war er blind. Das Unglück war beim Hantieren mit Pfeilgift geschehen, das er sich aus den Schoten des Strophantusstrauches braute.

Am Vorabend des ersten Hochzeitstages schickte Haman Jadschi rund hundertfünfzig Träger – unzivilisierte, gehorsame Koma aus den Bergen, Untertanen, die sich nicht zu wehren wussten und als Entlöhnung

Vorbereitungen zum Empfang der Gäste anlässlich der Hochzeit des Chefs von Wangai. In den riesigen Kochtöpfen brodelt Reis, Hirse und Fleisch.

höchstens das Essen bekamen – nach Tschamba, um die Braut abzuholen nebst all dem, was sie in die Ehe bringen sollte. Die Trägerkolonne transportierte bei dieser Gelegenheit die vereinbarten Geschenke für den Schwiegervater, die Schwiegermutter und die übrigen Verwandten ins Nachbardorf.
Darüber kann ich genau Auskunft geben. Die Burschen trugen also vierundzwanzig verschiedenfarbige, mehrere Meter lange Baumwollstoffe und zehn Kopftücher, die für die Frau bestimmt waren. Alles musste, nebst der bereits erwähnten Kuh, die mittrottete, nach Tschamba gebracht werden, damit dort Tücher und Kuh von jedermann besichtigt, sozusagen inspiziert werden konnten, und alles wurde dann am nächsten Tag wieder zurückbefördert.
Die Geschenke aber für die Verwandten blieben dort. Dem Schwiegervater brachte man fünf bestickte Boubous, einen Turban, ein paar Sandalen und ein Paar Hosen. Sieben Kleider erhielt die Brautmutter, fünf eine Grossmutter, fünf eine Schwester und fünf die einzige Tante. Und dreissig weitere Tücher waren für die übrigen Frauen des reichen, also polygamen Schwiegervaters bestimmt.
Was ich da verrate, wussten alle, denn es war gar nicht Brauch, verschämt oder stolz diskret etwas zu verheimlichen. Jedermann hatte das Recht, die Geschenke zu besichtigen, auch zu betasten, Dienerinnen und Vertraute sorgten redselig dafür, dass jedermann erfuhr, wie grosszügig der Chef gewesen sei. Je umfangreicher die Liste der Geschenke ist, desto angesehener sind doch Bräutigam und Braut. Offenbar freute sich auch der Ärmste ohne Neid darüber. Man will den Mächtigen bewundern können; der darf sich nicht erlauben, sich knickerig zu gebärden, auch wenn er sich auf Jahre hinaus dabei verschuldet. Bei uns weiss übrigens auch jeder Zeitungsmacher und jeder Fernsehreporter, was er anlässlich von Fürstenhochzeiten oder Festlichkeiten in Königshäusern seinen demokratischen Lesern beziehungsweise Zuschauern schuldig ist.
Am nächsten Morgen, also am ersten Festtag, trugen nun alle Männer, die etwas auf sich hielten, ihre schönsten Gewänder, auch die Fulbefrauen waren bunt und hübsch gekleidet. Die Männer flanierten durchs Dorf, hockten oft in den Schatten eines Baumes oder einer Mauer und zeigten keine Ungeduld. Im Gehöft des Chefs brodelten in einem der Innenhöfe über Feuern in riesigen Tonkrügen Fleisch und Brei, und man kochte kübelweise dazu scharfe Pfeffersaucen. Das Bild dazu befindet sich auf der vorderen Seite.

Das grosse Hochzeitsfest dauerte mehrere Tage. Von allen umliegenden Dörfern erschienen, angeführt von Musikanten, eingeladene Gäste und zahllose Neugierige.

Weitere auswärtige Gäste tauchten gruppenweise noch vor dem Mittag auf. Sie wurden von Musikanten angeführt, und bevor sie sich irgendwo in den Schatten legten, müde von kilometerweiten Märschen, führten sie auf dem Platz beim Eingang zum Gehöft des Bräutigams und Gastgebers einen Tanz auf. Ihre Griots rühmten unermüdlich den Chef einen mutigen Löwen, sie verglichen ihn mit dem Adler und nannten ihn einen Helden. «Nayu, nayu!» – «Sie sagen es, so ist es», antwortete das Volk.
Boten kamen schweissbedeckt an und berichteten, wo sich der Zug aus Tschamba bereits befinde, und gegen vier Uhr nachmittags wurden die Pferde gesattelt, die Musikanten netzten schon bald die Lippen, und die Trommler spannten ihre Felle.
Haman Jadschi aber zeigte sich nicht. Als ich ihn aufsuchte, sass er drin im Gehöft vor seinem Haus auf einer Matte, kaute nervös eine Kolanuss nach der andern, spielte dann mit einer zahmen Antilope. Er

mimte zwar den Gelassenen, als ginge ihn die Festlichkeit gar nichts an. Doch dann fragte er, sicher nicht zum ersten Mal, einen seiner Vertrauten, der in Tschamba mitverhandelt hatte, ob sie wirklich schön sei. Die gute Sitte erforderte, dass er sie erst am Abend des dritten Festtages zum ersten Mal zu Gesicht bekam.

Von einigen hinreissend bunten Reitern auf geschmückten Pferden angeführt, machte sich nun ein stattlicher Zug auf, die Gäste ein paar Kilometer vor dem Dorf zu empfangen. Die Dorfbewohner säumten, hellgekleidet und wohlparfümiert, die Strasse. Bald entdeckte man in der Ferne eine Staubwolke, die ersten schrillen Töne der Bläser verirrten sich bis zu uns. Vor dem Aufbruch des Zuges hatte in Tschamba zwischen den Daheimgebliebenen und denen, die die Braut abholten, ein Palaver stattgefunden, ausserdem ein Scheingefecht. Das war eine dunkle Erinnerung an die alten Zeiten, als Brautraub noch durchaus üblich war.

Ähnliches wiederholte sich nun hier, als der Zug der Gäste und Träger vor Wangai anhielt. Man tat, als ob man in letzter Minute die Braut noch retten wollte. Reiter trabten je zu dritt unter wildem Geschrei hin und her. Sie warfen ihre Lanzen in die Luft, fingen sie im Trab wieder auf, und Sonnenstrahlen funkelten als Blitze von den glitzernden Waffen zurück. Rote, gelbe und blaue Tücher wehten wie Fahnen über den Pferden. Und als diese wilde Reiterei vorbei war, setzte sich der von Musikanten angeführte Zug wieder in Bewegung.

Eine dutzendköpfige, überaus farbige Frauengruppe, Verwandte und Freundinnen der Braut, umgaben die von vier kräftigen Männern getragene Sänfte, in der die geheimnisvolle junge Frau durch den heissen Tag geschüttelt worden war. Die Notabeln gingen der Frauengruppe voraus, allerlei Volk folgte der Sänfte, und dann kam am Schluss das Heer der geduldigen Träger. Und alle fanden dann Platz im weitläufigen Gebäudekomplex des Chefs mit den geräumigen Innenhöfen. Das Volk ergötzte sich sehr an diesem Schauspiel, zählte die Träger und betrachtete voll Sachverständnis die Geschenke aus Tschamba. Unter den Zuschauern aber fehlte immer noch die Hauptperson; Haman Jadschi liess sich nicht blicken.

Ich glaube, es ist kurzweilig, nun zu erfahren, was für Kostbarkeiten die Braut gebracht hat. Zehn Boubous für den Mann, ausserdem fünf Ballen Baumwolltuch, fünf Paar Hosen, zwei Paar Schuhe, drei Turbane und fünf Strohhüte, schattenspendend fast wie ein Sonnenschirm, ausserdem einige gestrickte Mützen.

In dieser Sänfte ist die Braut, durch Tücher vor neugierigen Blicken geschützt, etwa fünfundzwanzig Kilometer weit, von Tschamba nach Wangai, getragen worden.

In mehr als hundert wunderschön mit Brandzeichnungen und roter Farbe dekorierten, schüsselgrossen Kalebassen brachten Träger zerriebene Hirse, Reis, süsse Speisen, Honigkugeln und geröstete Arachide-Nüsschen. Sie brachten elf Fulbebetten, zwei Matratzen, vier gefärbte Baumwolldecken, und endlich zählte ich auf den kraushaarigen Köpfen noch mindestens zwei Dutzend gerollte farbige Matten nebst zwanzig fast tischhohen mächtigen Wasserkrügen. Und ein paar Stunden später, schon nachts, kam auch die Kuh aus Tschamba wieder nach Wangai zurück.
An den beiden nächsten Festtagen besuchte ich oft den Chef, und mit seiner Einwilligung ging ich auch in den vorderhand noch mit Matten abgesperrten Hof, in welchem das Haus der neuen Frau stand. Dort hinein durfte uns Haman Jadschi nicht folgen, denn vor Auszug der Gäste am Abend des dritten Tages hatte er kein Recht, Hof und Haus seiner zweiten Frau zu betreten.

Vielleicht fragt sich hier der Leser, welche Rolle denn an diesem Tag die erste Frau gespielt habe. Sie trat nicht in Erscheinung, sondern war mit Dienerinnen und Freundinnen genau wie diese damit beschäftigt, zu kochen und fürs Wohlbefinden der Gäste zu sorgen.
Als wir nun bei der so wohlbehüteten und versteckten Braut, mit allerlei Geschenklein beladen, in allem Anstand eindrangen, lag sie unter Tüchern versteckt auf ihrem Bett. Von unserer Anwesenheit hatte sie natürlich gehört, von uns zwei einzigen Weissen im Umkreis von mehr als fünfzig Kilometern. Ihre Neugierde war so stark, dass sie ihre Decke hob, um uns zu betrachten, doch rasch wurde sie von den Wächterinnen unter Geschrei und Gekicher wieder zugedeckt. Ich aber hatte doch ein paar Sekunden lang ihr hübsches helles, mit blauen Linien tätowiertes Fulbe-Gesichtlein gesehen, zwei Tage vor dem armen Bräutigam, der vorläufig nur Zaungast war, noch keine Rechte besass, sondern bloss eine Menge zu bezahlen hatte:
Er bewirtete gar nicht knauserig während dreier Tage etwa zweihundert geladene Gäste. Er hatte der Braut zwanzig Franken als Opfer zu entrichten, damit sie mit der ersten Frau im Gehöft zu sprechen begann. Er musste bezahlen, damit sie sich bequemte, mit Dienerinnen ihre Küche einzurichten, und er bezahlte noch einmal, damit sie sich dazu verstand, ihr Haus zu reinigen. Dies zwar nur als symbolisch gemeinte Tätigkeit, denn später nahmen ihr Helferinnen diese Arbeit ab.
Ab und zu schoss Haman Jadschi mit seiner Jagdflinte in die Luft, verscheuchte dabei die Geier von den Dächern und löste jedesmal bei den Frauen ein gellendes, schrilles Freudengeschrei aus. Viele Frauen hatten ihre Gesichter zur Erhöhung der Festfreude mit weisser und roter Farbe geschmückt.
Draussen auf dem Dorfplatz vergnügte sich das Volk bis spät in die Nacht hinein mit Tanz und Musik. Man lauschte dem heiser gewordenen, blinden Griot. Er rühmte den Chef, den Wohltäter, wünschte ihm, dem Helden, nun mit der neuen Frau viele kleine Helden. Aber er rühmte nicht nur den Chef, sondern auch jeden andern, von dem ein Geschenk zu erwarten oder doch mindestens zu erhoffen war. So kamen die Notabeln und die Reichen der Reihe nach dran, wie es sich gehörte, dann wir zwei mit der lockeren Börse, wie man wusste, aber

Reiter erwarten den Hochzeitszug aus Tschamba. Zu jedem Fest gehören die farbig aufgeputzten Pferde und die Reiterspiele verwegener Burschen.

auch Buba, der Sanitäter, der Meister der Flasche, und sogar Hairu, der Dorfpolizist.
Wie in unsern Breiten bei einem Jahrmarkt verkauften Händler allerlei Tand und auch die damals noch fast seltenen Zündhölzer. Aber noch keine Zigaretten wie heutzutage, noch weniger Musikkassetten, die jetzt auf keinem Markt mehr fehlen. Buben brieten mitten auf dem Platz Ziegenleber, die sie in kleinen Brocken, auf Holzstäbchen gespiesst, zum Kauf anboten, und am Abend tanzte man zum Lärm der Tamtams und dem Getöse der Trompeten.
Erst gegen Abend des dritten Tages verschwand ein Trüpplein nach dem andern der auswärtigen Gäste, die Ruhe kehrte wieder ins Dorf zurück, und jetzt endlich durfte Haman Jadschi es wagen, mit allerlei Schmuck beladen, bei seiner Frau einzudringen und mit ihr einen ersten Blick und ein erstes Wort zu wechseln.

Der freundliche Haman Jadschi war ein erstaunlicher Mann. Oft sassen wir an langen Abenden zusammen und kamen zu ungestörten Gesprächen. Auf einer Reise mit Relly durch die Bergdörfer der Koma war er auch dabei, und so ergaben sich eben nicht nur in Wangai, sondern auch unterwegs gute Gelegenheiten, einander kennenzulernen. Er interessierte sich sehr für Politik, und damals, 1955, wartete er sehnsüchtig auf die Unabhängigkeit, ohne sich allerdings zu grosse Illusionen zu machen, dass dann alles besser sein werde. Wenn ich nicht irre, wurde er als Deputierter ins kamerunische Parlament gewählt.
Zur Franzosenzeit hat man immer wieder Dorfchefs, Lamidos und andere wichtige Würdenträger nach Frankreich eingeladen. Auch Haman Jadschi gehörte zu einer Gesellschaft von sechzehn Persönlichkeiten aus dem Norden, die zwei Wochen lang in Europa waren und denen man am 14. Juli beim Arc de Triomphe die Stärke der Armee der Grande Nation vorführte. Für Haman Jadschi war diese Reise ein ausserordentliches Erlebnis, er erzählte oft voller Begeisterung davon. Über manches wunderte er sich, anderes fand er beängstigend, und mit seiner gesunden Intelligenz stellte er auch unbequeme Fragen.
Er hatte Diapositive heimgebracht, die man in Paris an Kiosken den Fremden verkauft. Er zeigte sie mir in einem kleinen Betrachtungsapparat, den man gegen den Himmel halten musste. Da waren Bilder vom Louvre, von Fontainebleau, Sanssouci und vom Eiffelturm, auch entsprechende Bilder vom Place Pigalle und den Folies-Bergère fehlten nicht in der Serie.

Der kleine Chef war mit seinen Landsleuten weit in Frankreich herumgeführt worden, und über vieles hatte man sich verwundert. Ich hörte mit Rührung, Vergnügen und Staunen, was dem gescheiten Mann alles aufgefallen war. Da berichtete er von grossen Hühnern, die im Jahr mehr als hundert Rieseneier legen sollen. Er sah fette Kühe, denen man in einem Tag mehr Milch abzapfen kann als den mageren Tierchen von Wangai in zwei Wochen. Er verwunderte sich, dass man Pferde vor ein Gefährt spannte, sie arbeiten liess, und trotzdem seien sie nicht mager gewesen. Er sah riesige Maiskolben, grosse Weizenähren, Zäune auf den Weiden und Apfelbäume, aber er erzählte auch

Während des Festes zeigte sich der Bräutigam kaum; hier spielt er gelangweilt mit einer zahmen Gazelle, und seine Braut sah er zum ersten Mal erst am dritten Tag.

von weisshaarigen Bauern, die noch auf den Feldern arbeiten mussten, trotz ihres hohen Alters...

Man hatte Fabriken besichtigt, hatte zugesehen, wie ein Mann dreissig automatische Jaccard-Webstühle bediente. Was man denn mit dem vielen Tuch anstelle, wollte er wissen. Er erlebte bei Renault, wie alle paar Minuten ein Auto vom Fliessband rollte, und einige seiner Kollegen waren enttäuscht, dass man ihnen keines schenkte, wenn man doch mittels unbegreiflicher Tricks imstande war, in so kurzer Zeit eines zu bauen.

Zu den wunderlichsten Dingen, die Haman Jadschi aufgefallen waren, gehörten Eisenbahnen – Flugzeuge hatte er in Garoua gesehen –, eine Windmühle, rote und grüne Stopplichter, die ihre Farben wechselten, ohne dass man begriff, wie das funktionierte. Er hatte das Staunen nicht verlernt, und bei uns wundern sich Schulbuben weder über das Fernsehen noch über einen Computer. Aber wer nicht mehr staunen kann und sich verwundern, der lebt nicht.

In grauen Fabriken und Minenstädten fragte sich Haman Jadschi wieder, warum er dort so viele alte Leute hatte arbeiten sehen und warum diese Arbeiter eingepfercht in so langweiligen grauen und schlechten Häusern lebten. Frankreich müsse doch unermesslich reich sein, da gebe es Kohle und Eisen und Holz im Überfluss, auf dem Lande Hühner und Eier und Kühe und Schafe und Mais und Korn und Futter für alle Tiere und in den Städten Maschinen und Maschinen, die gratis arbeiteten für die Menschen.

Aber der gleiche Haman Jadschi, der als Gast der französischen Regierung über die Boulevards von Paris spaziert, in riesigen Warenhäusern eingekauft und in Erstklass-Hotels mit weichen Matratzen und gekachelten Badewannen übernachtet hatte, erzählte mir oben in den Alantikas ernsthaft, wie man mit bestimmten Zweigen und dem Fett eines unschuldigen weissen Lammes unsichtbar werden könne, und er berichtete vom grossen Zauberer und Heilkundigen Sengbogga, der am Fuss der Aiguille de Saptou eine heilkräftige Quelle hütet. Zu diesem alten Mann pilgern Frauen, so erzählte er, die gerne ein Kind hätten und zur Enttäuschung ihrer Männer und trotz aller Medikamente keines bekämen. Sie gehen also zu Sengbogga und trinken dort vom Wasser der heiligen Quelle, das er ihnen teuer verkauft. Wirkte dann wirklich der Zauber, so dass der Wallfahrerin später ein Knabe geboren wurde, hatte man dem Wundertäter noch eine Ziege zu bringen. War es bloss ein Mädchen, genügte als Opfergabe ein Huhn. Leider

also auch dort, besonders unter den Mohammedanern, die gleiche Niedertracht mit der Diskriminierung der Frau wie in unsern Breiten...
Auch Haman Jadschis erste Frau hatte bereits zweimal diese Bergkraxelei zur Quelle auf sich genommen, aber trotzdem sei die Ehe vorderhand kinderlos geblieben. Ich wagte natürlich nicht, ihn zu fragen, ob der Fehler vielleicht doch bei ihm liege. Nun, wegen dieser Kinderlosigkeit sei er – wie die Leser bereits wissen – gezwungen gewesen, eine zweite Frau zu heiraten, obschon man ihm doch öfters erklärt habe, Polygamie passe nicht zu einem jungen Politiker und zur neuen Zeit.

Da tröstete ich ihn. Mich störe seine zweite Frau gar nicht, allzu lange hätten wir Weissen uns doch ohne jedes Recht angemasst, den Afrikanern unsere Ansichten aufzudrängen.

Haman Jadschi trug übrigens, wenn er auf die Perlhuhnjagd ging oder eine Antilope zu erwischen suchte, stets ein paar Blätter einer krautigen Pflanze in der Tasche, damit ihm das Glück hold sei, und er wusste also auch, wie man unsichtbar werden kann. Er habe es, wie er beteuerte, mehr als einmal mit eigenen Augen gesehen. Damals, als er mir oben in den Bergen diese Geschichte erzählte, erklärte ich seufzend, das möchte ich auch einmal erleben, praktisch wäre es oft. Ich meinte, ich hätte es ohne Spott in der Stimme gesagt. Er aber schaute mir mit Ernst eine Weile in die Augen, dann schüttelte er den Kopf, und er, der Chef des Canton de Wangai, der Zögling einer katholischen Schule, der sich nun redlich Mühe gab, die Gesetze des Korans zu respektieren, erklärte mir: «Du glaubst es nicht und zweifelst, also wirst du es nie erleben.» Da hatte er wohl recht.

Einige Tage nach den Hochzeitsfeierlichkeiten haben wir damals Wangai wieder verlassen. Am Morgen herrschte bei uns vor dem Rasthaus das übliche Getümmel, bis Kello, unser Boy, den letzten Löffel eingepackt hatte und wir sicher waren, dass die Wasserflaschen für einen heissen Fünfundzwanzig-Kilometer-Marsch gefüllt worden waren. Haman Jadschi überwachte die Träger, die er für uns aufgeboten hatte, sorgte dafür, dass die Lasten richtig und gerecht verteilt wurden, dann erklärte er zum Abschied noch so nebenbei: «Sie ist sehr schön!» – «Ich weiss es bereits, mein Freund», sagte ich.

Im heutigen Wangai

Haman Jadschi habe ich nicht wiedergesehen. Als ich nun 1980, fünfundzwanzig Jahre später, neuerlich nach Wangai kam, lebte er seit zwei Jahren nicht mehr. Die Freiheit, die Unabhängigkeit mit all den Anfangsschwierigkeiten hatte er aber doch noch während fast zwanzig Jahren als Chef erlebt. Einer seiner Brüder war Nachfolger geworden. Diesmal waren wir nicht zu Fuss angekommen, sondern bedeutend müheloser in einem gemieteten Wagen. Der neue Chef brachte uns innerhalb seines Gehöftes in einer kleinen Lehmhütte am Rand des ersten grossen Hofes unter. Davor war mit einigen Pfosten und Matten ein willkommenes Schattendach errichtet worden. Ein Wächter trug uns in grossen Tonkrügen regelmässig trübes Bachwasser herbei, das wir filtrierten, und er machte sich auch anderweitig nützlich. Da wir wie in den alten Zeiten Feldbetten, Kochtopf, Laternchen, Stühle und Klapptischchen mitgebracht hatten, liess sich so ganz gut leben.
Am ersten Abend sassen wir mit dem Lamido und ein paar seiner Getreuen im ersten Hof auf roten Teppichen, tranken eine öde, gelbe, viel zu warme Limonade, und da ich natürlich Fotografien von früher mitgebracht hatte, die von Hand zu Hand gingen, und ich mich als einer zeigte, der das Land ein wenig kannte, entstand bald ein recht lebhaftes Gespräch. Auf meinen Bildern erkannten alle den damals noch jugendlichen Haman Jadschi, ich vernahm auch, dass Buba, der so freundliche und hilfsbereite Krankenwärter, schon seit Jahren tot war. An Namen, die ich erwähnte, erinnerte sich keiner. Noch weniger war zu erwarten, dass in Wangai jemand in der Serie der Bilder aus den Bergen einen Koma kennen würde; doch einer griff nach der Foto von Voksi, dem Dorfchef von Bimlerou, den ich dann wiederfand.

Die Kunst, Kalebassen mit Brandmustern zu verzieren, verliert sich leider immer mehr. Die beiden Bororo-Frauen möchten auf dem Dorfmarkt Milch verkaufen.

Das Wohnhaus des Chefs von Wangai hat viel von seiner früheren Romantik verloren, und das Wellblech ersetzt auch hier das Strohdach.

Fünfundzwanzig Jahre sind eine lange Zeit. Ich war ein wenig enttäuscht und traurig. Nein, an jene glücklichen Tage des Hochzeitsfestes war nicht mehr anzuknüpfen, besonders auch, weil der neue Chef, ein recht griesgrämiger Mann, wie mir schien, der die Enthaltsamkeitsgesetze des Korans nicht sehr ernst nahm, bedeutend weniger zugänglich war als seinerzeit sein verstorbener Bruder.
In den nächsten Tagen habe ich in Wangai keinen Menschen getroffen, dessen Gesicht ich wiedererkannt hätte, es ist auch keiner gekommen, mich zu grüssen, weil er sich an mich erinnerte. Und ich spürte wenig Lust, neue Kontakte zu suchen. Lag das am schläfrigen Ort, der farbloser und langweiliger geworden war? Lag es bloss an mir?
Hier ritten am Abend keine waghalsigen Burschen mehr aus, um den Pferden ihrer Väter oder Herren Bewegung zu verschaffen. Dagegen ratterte etwa ein Motorrad durchs Dorf. Plastikkessel hatten die einst so wundervollen Kalebassen der Frauen von Wangai ersetzt.

Kalebassen nennt man all die verschiedenartigen Schalen, Schüsseln und Behälter, die man aus den verholzten Fruchtschalen einer bestimmten Art der Kürbispflanzen herstellt. Vor dem Eindringen des Emailgeschirrs konnte man sich in weiten Gebieten Afrikas einen Haushalt ohne Kalebassen kaum vorstellen.
Früher sind sie fast immer reich dekoriert worden, und sie verändern damit ihren Wert. Die schönen Kalebassen werden zum Symbol für einen gewissen Wohlstand. Man macht sich eine Ehre daraus, möglichst viele hübsch dekorierte Kürbiskalebassen zu besitzen; sie sind Bestandteil des Frauengutes und spielen da und dort bei Hochzeitsfeiern eine Rolle.
Jedenfalls damals bei der Hochzeit von Haman Jadschi. All die Kalebassen, die der Chef erhalten hatte, waren auf die hinreissendste Art mit den schönsten Ornamenten versehen worden, mit dunklen Brandlinien, geometrischen Figuren und verschlungenen Arabesken, und keine sah gleich aus wie die andere. Zu allen gehörte ausserdem ein Deckel in Form eines flachen, aus gefärbten Gräsern geflochtenen Tellers. Als seinerzeit im Gehöft Haman Jadschis alle Geschenke ausgestellt wurden, damit sie von den Gästen bewundert werden konnten, drängte ich mich natürlich auch hinzu. Es imponierten mir die vielen Prunkgewänder, mir gefielen die vielen Krüge, die bunten Decken, aber nichts begeisterte mich derart wie die hundert geschmückten Kalebassen mit den bunten geflochtenen Tellern.
Damals in Wangai fand ich eine Frau, die mir eingehend zeigte, wie diese Kürbisschalen geschmückt werden. Ich ging jeden Morgen hin und schaute ihr zu, wie sie das glühende Messer führte. Ihre Mutter sass neben ihr an einem kleinen Feuer, schürte die Glut und erhitzte die Messer, die alle paar Minuten ausgewechselt wurden. Mit Sicherheit und ohne Zaudern wurden die Ornamente eingebrannt, ohne dass vorgezeichnet worden wäre. Manchmal hielt sie in ihrer Arbeit unvermutet inne. Sie könne nicht mehr sehen, wenn sie jetzt nicht eine Kolanuss zum Kauen erhalte. Da wusste ich, was ich zu tun hatte. Ein Bub wurde mit etwas Geld ausgeschickt, Nüsse zu kaufen, und dann war der Blick der Frau wieder ungetrübt.
Natürlich verwendete diese Fulbefrau immer wieder die gleichen Motive, sie sind traditionell bedingt und wären wohl erklärbar. Und doch hatte ich den Eindruck, dass diese Frau und auch ihre Nachbarinnen das Werk wieder mehr oder weniger neu aus sich heraus gestalten. Sie benutzen keine Vorlagen, sie kopieren nicht. Die «Handschrift» einer

jeden, welcher ich zuschaute, war klar erkennbar, und doch waren niemals zwei Kalebassen identisch.
Die Motive ändern natürlich von Land zu Land, manchmal sogar von Dorf zu Dorf, der Stil wechselt also, und man kann als Kenner wohl unterscheiden, ob eine Kalebasse aus Wangai stammt oder aus Maroua weiter im Norden, ob sie von einer sesshaften Fulbefrau dekoriert worden ist oder von einer Bororo-Nomadin (siehe Farbbild auf Seite 144).
Und nun habe ich in Wangai keine einzige geschmückte Kalebasse gesehen. Es ist traurig zu wissen, dass mit fortschreitender Zivilisation und Technisierung des Landes auch diese alte Volkskunst zum Aussterben verurteilt ist. Es wird den Afrikanern damit nicht anders ergehen als uns auch.

Man weiss es: Millionen von Menschen in der dritten Welt sind von Tropenkrankheiten bedroht, und es heisst, dass ein Haupthindernis für sozialen und wirtschaftlichen Aufstieg die grossen Plagen seien wie Malaria, Bilharziose und Filaria nebst dem Gelbfieber, den Röteln, der Tuberkulose, den Augenkrankheiten. Diese Liste wäre leicht zu verlängern.
So gehörte es dann doch zu unsern schönsten Erlebnissen, als eines Tages eine Equipe des Gesundheitsdienstes aus Garoua auftauchte. Ein Vorgesetzter mit drei Gehilfen war angekommen, um alle Kinder im Dorf gegen Tuberkulose, die Röteln und das Gelbfieber zu impfen. Sie hatten sich unter dem Schattendach vor dem Gehöft des Chefs installiert und warteten nun alle in ihren weissen «Doktormänteln» auf das Dorfvolk.
Und sie kamen wirklich, Fulbefrauen und halbnackte Koma vom Dorfrand mit ihren Babys auf den Armen, junge Väter mit Kleinkindern, Schulbuben und kecke Mädchen, furchtsame Kinder, die sich hinter ihren Müttern versteckten, und mutige kleine Kerle.
Fürchterlich, die Riesenpistolen, mit denen da rasch und routiniert geimpft wurde. Der Chef-Infirmier sass eher verdrossen im Hintergrund und führte seine Listen. Am Abend zählte er dann sicher zusammen, wie viele hundert Kinder man an diesem Tag geimpft hatte. Seine jungen Gehilfen waren freundlich und trösteten die Ängstlichen.

Das ist eine Szene, die gegenwärtig in Wangai kaum wiederholbar wäre: Eine Frau dekoriert verholzte Kürbisschalen – Kalebassen – mit dem glühenden Messer.

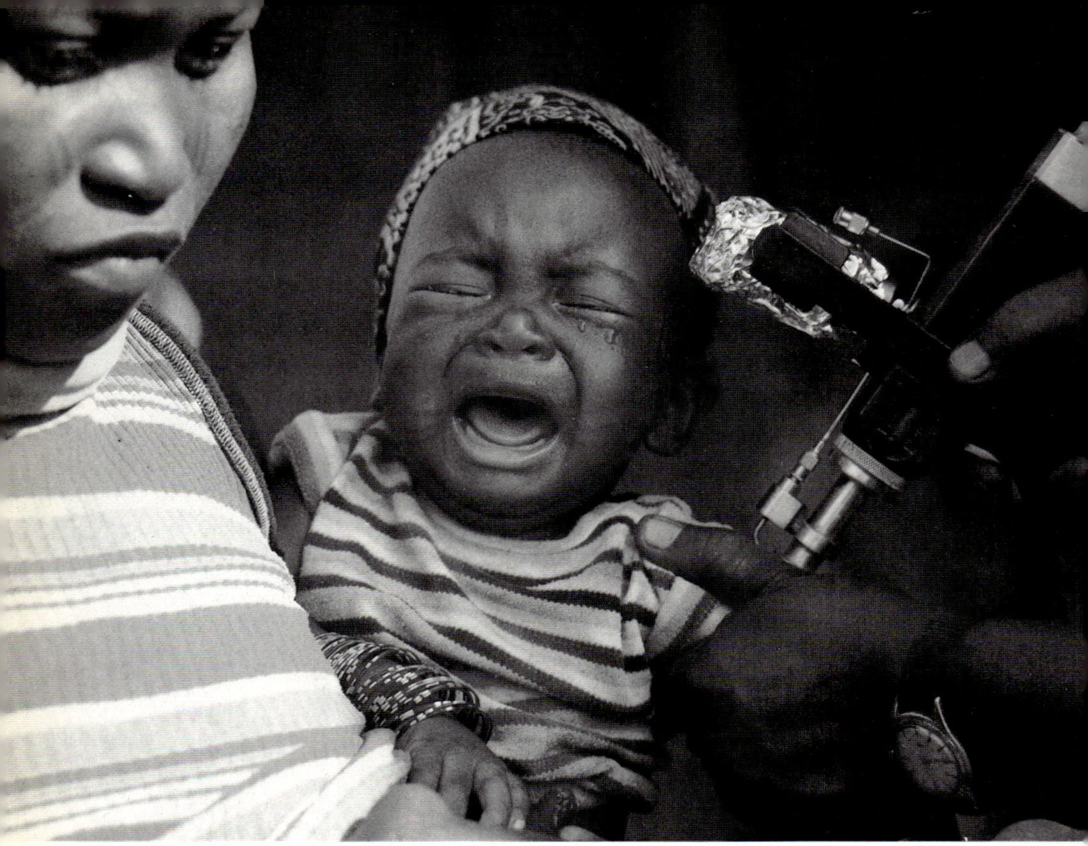

Hier werden Kinder gegen Röteln und Gelbfieber geimpft. Bei weitem nicht alle Kinder werden gebracht, aber die Einsicht wächst, dass man gegen die zahllosen

Und da waren lauter kleine afrikanische Gesichter, ängstlich die einen und schmerzverzerrt, tapfer und interessiert zuschauend andere, manchmal die kleinen Mädchen munterer als ihre Mütter, die sie in den Armen hielten. Es war schön, rührend und kurzweilig zugleich, zuzusehen, mit dem Wissen, dass da etwas Gescheites geschah, obschon natürlich bei weitem nicht alle Kinder erfasst wurden, aber es war doch schon tröstlich, dass viele Eltern verständnisvoll und freiwillig gekommen waren.

Am ersten Abend, den wir in Wangai verbrachten, trafen wir mit dem Präfekten von Poli zusammen. Davon möchte ich doch berichten. Er war wie seinerzeit sein Kollege Relly in der Kolonialzeit mit allerlei Fachleuten unterwegs, um überall den Menschen gut zuzureden. In seiner Begleitung waren Leute, die etwas von Ackerbau verstanden, von Forstwirtschaft oder von Hygiene, um mit Müttern über Säuglings-

pflege zu diskutieren. Er versammelte in den Dörfern die Alten, die Angesehenen, die Einflussreichen um sich, beschwor sie, fleissig zu sein, mehr anzubauen, alle jungen Männer und Frauen aufs Feld zu schicken, alle Überschüsse dem Vaterland zu verkaufen und nicht den Nigerianern jenseits der nahen Grenze. Das Lied kam mir aus Rellys Zeiten sehr bekannt vor. Man nannte das eine Tour d'animation.
Im ersten Hof des Lamido von Wangai fand an diesem Abend auch eine Versammlung statt. Die Reisegesellschaft des Präfekten war später erschienen als erwartet. Man hatte Teppiche und Matten ausgelegt, auch ein paar Stühle hingestellt. Die Bürger vom Dorf lagerten zu Füssen des Präfekten, an dessen Seite sassen Funktionäre aus Poli. Auf Randmäuerchen standen zwei brennende Petrollaternchen, ausserdem beleuchtete der Mond den Hof.
Es ist feierlich still; ich finde es schön, wie nun der Präfekt zu diesen Menschen spricht. Leise, nicht polternd. Langsam und allen verständlich. Väterlich, obschon noch so jung, fast beschwörend. Er spricht von Kamerun, von Pflichten und Verantwortung und Notwendigkeiten, es

afrikanischen Plagen nicht wehrlos ist. Equipen des Gesundheitsdienstes sind oft unterwegs, aber sie scheuen die Mühe, zu den Bergdörfern der Koma zu klettern.

hat alles keinen falschen Klang. Es ist eindrücklich, und mein junger Begleiter Jürg, zum ersten Mal in Afrika, ist hingerissen. Patriotismus ist noch kein Schimpfwort.

Aber gleichzeitig bedrückt mich das Wissen, wie gross die Kluft noch immer ist zwischen dem, was der «Commandant» da verspricht und erhofft und plant, und dem, was der Alltag der rauhen afrikanischen Wirklichkeit den Menschen bringen wird.

Die Männer – es ist keine einzige Frau dabei, obschon Frauen bei der Feldarbeit immer mitbeteiligt sind – lauschen aufmerksam, nur ab und zu stimmen sie mit einem vernehmlichen «Joooo» zu. Sobald die Ansprache beendet ist, verziehen sich die Leute, still, ohne Gruss und selbstverständlich ohne Widerrede.

Und nun werden die Gäste aus Poli und auch wir vom Chef zum Nachtessen eingeladen. Jedermann setzt oder legt sich wie ein Römer auf die vorhandenen Teppiche, es gibt genug Kissen, um sich auf einen Arm zu stützen. Man bringt ein gebratenes Schaf und gewaltige Reisschüsseln, zum Trinken natürlich keinen Alkohol, sondern ein Kohlensäure-Süssgetränk, und der freundliche Präfekt schneidet uns beiden Eidgenossen eigenhändig vom Schaf die besten Stücke ab. Der Gastgeber, der Chef des Kantons von Wangai, sitzt im Hintergrund und isst nicht mit uns. Bald scheinen alle ihre Müdigkeit vergessen zu haben, man ist im geschlossenen Hof unter sich, jedermann ist munter mit dem Essen beschäftigt und mit Schwatzen. Angesichts der riesigen Schüsseln, die da vor uns stehen, unterhalte ich mich mit dem Regierungsmann über den Reisanbau, und er betont wieder einmal, nicht ohne Stolz, dass dieser Reis im Land gewachsen sei. Da ich wusste, dass gar nicht jedermann mit diesen gewaltigen Projekten der Regierung einverstanden war, altes Weideland längs des Logone in regelmässig überschwemmtes Reisland zu verwandeln, hatten wir zwei natürlich einen guten Gesprächsstoff.

Bereits seit etwa einem Jahrzehnt pflanzt man in der Gegend von Yagoua mit gutem Erfolg Reis. Die Ernten waren meistens gut, aber man munkelte, die Kompanie habe Mühe, den Segen zu verkaufen, in Yagoua verfaule Reis tonnenweise, während man sich im Süden des Landes darüber beklage, keinen kaufen zu können. Die Bauern im Norden und die Nomaden müsse man erst nach und nach «umerziehen», neben der Hirse auch ein Reisgericht gut zu finden.

Von diesen Gerüchten habe er auch gehört, gab mein Gesprächspartner zu, aber das seien Anfangsschwierigkeiten. Das mag so sein; in jedem Wirtschaftsgefüge hapert es sofort, wenn nur ein einziges Rad nicht richtig läuft, und hier schien man mit der Organisation des Handels nicht zurechtzukommen.

Man hat nun vor zwei oder drei Jahren nördlich von Yagoua, beim Logonedorf Pouss, in einer zweiten Phase ein Gebiet von etwa siebentausend Hektaren für den Reisanbau erschlossen. Da ich in Pouss gewesen bin, der Präfekt das Projekt natürlich auch kannte, konnten wir beide einigermassen sachkundig darüber diskutieren. Er, als Vertreter der Regierung, fand die Sache grossartig; ich, in der Erinnerung an das, was ich gesehen hatte, zeigte mich eher skeptisch.

Damm am Logone. Der künstliche See dient als Reservoir für den Reisanbau. Das Projekt ist wegen befürchteter Störungen des Wasserhaushaltes umstritten.

Der Logone, der gewaltige Wassermengen dem Chari und dann dem Tschadsee zuführt, fliesst von Süden nach Norden. Bei Pouss beginnt nun ein riesiger aufgeschütteter Erddamm. Er führt quer zur Flussrichtung etwa fünfundzwanzig Kilometer weit westwärts in die Ebene hinaus bis zum kleinen Ort Guividig (der Pfeil auf dem Plan zeigt auf diesen Ort). Hinter diesen Damm leitet man nun einen Teil des Logonewassers. So ist ein riesiger See entstanden, dessen Ende man von der Dammkrone aus im Dunst eines heissen und hellen Tages kaum erblickt. Ein ungewohnter Anblick in der Trockenzeit. Das Wasser ist natürlich nicht tief, überall ragen traurig dürre Baumkronen heraus. Pirogen liegen am Ufer, Fischer flicken ihre Netze, Buben baden, und am Damm trocknet Wäsche.

Der künstliche See bildet das Wasserreservoir für die Reisfelder auf der andern, der nördlichen Seite des Dammes, in den mehrere Schleusensysteme eingebaut sind, um nach Belieben und den Gesetzen des Anbaues entsprechend die Äcker unter Wasser zu setzen.
Das Werk war 1980 noch nicht beendet, überall ratterten und lärmten die modernsten Maschinenungetüme, verschoben die Erde, planierten, hoben Bewässerungsgräben aus. Zentrum des wohl überdimensionierten Projektes, dieser zweiten Phase, ist der Ort Maga. Dort errichtete man in der schattenlosen Ebene Verwaltungsgebäude, riesige Hangars, Fabriken und Reparaturwerkstätten für den Maschinenpark. Daneben entstand ein trostlos langweiliges, künstliches Dorf. Die kleinen strohbedeckten Rundhütten, jede genau gleich wie die andere, sind in einem weitläufigen Netz von senkrecht zueinander verlaufenden Strassen in Reih und Glied aufgestellt. Keine Bäume spenden Schatten, und bläst der Wind in der Trockenzeit, verschwindet der Ort im Staub, und in der Regenzeit versinkt er im Dreck.
In ein paar Bretterbuden, die an Bars in einem Goldgräber-Western erinnern, regiert Madame Mousso, eine breithüftige Togolesin. Noch gibt es viel zu tun, deshalb leben viele Gelegenheitsarbeiter in Maga, und am Abend sind sie nicht nur müde, sondern auch hungrig und durstig. So kehren sie unter breitrandigen Hüten, wie im Cowboyland, nach Feierabend gerne bei Madame Mousso ein. Böse Mäuler behaupten, dass manch Durstiger seinen halben Lohn bei der munteren, kurzweiligen, aber auch geschäftstüchtigen Wirtin lässt, die autoritär all ihre Knechte in der Bar, der Küche und der Bäckerei zusammenhält.
Nun, die Sache wird gelingen; man wird hinter dem Damm bald einmal Tausende von Tonnen Reis ernten, schon jetzt wiegen sich da und dort nicht weit von Pouss die hellen Halme im Wind. Die Kompanie pflügt mit Riesenmaschinen, sie planiert und sät mit andern Riesenmaschinen, aber die weitere Arbeit besorgen dann freie Bauern, die, so sagt man, gut verdienen, die Ernte aber natürlich zu festgelegten Preisen abliefern müssen.
Aber nicht jedermann freut sich darüber. Das Projekt wird zum Teil leidenschaftlich kritisiert. Ein europäischer Tierarzt behauptete, man habe sich zugunsten von zehntausend Tonnen Reis entschieden und in Kauf genommen, dass zehntausend Tonnen Fleisch weniger produziert werden, das viel leichter zu verkaufen und nötiger wäre als Reis. Diese unendlichen Schwemmlandebenen, einstiger Boden des

Das Dorf Maga liegt in einer schattenlosen Ebene am Rand der neuen Reisfelder am Logone, die nach dem Endausbau etwa 7000 Hektaren umfassen sollen.

riesigen Paläo-Tschadsees, wurden wohl seit Jahrhunderten von Nomaden und Halbnomaden durchzogen, es waren seit jeher Viehzuchtgebiete.

Durch diesen Damm, so behaupten die Ökologen, werde nun der Wasserhaushalt grundlegend gestört. Da weiter nördlich das abgeleitete Wasser fehle, werde der Logone die Ebenen nicht mehr überfluten, das trockene Land nicht mehr tränken, als Folge davon müssten die Weidegebiete austrocknen und der Grundwasserspiegel entscheidend sinken. Es gibt schon jetzt Anzeichen dafür, dass das stimmt. Brunnen sind schlechter geworden, im Tierreservat von Waza trockneten im Winter 1979/80 wie kaum einmal seit Menschengedenken die Sümpfe viel früher aus als andere Jahre, und man hat beobachtet, dass die Tiere abwandern. Um ganz sicher zu sein, ob die pessimistischen Voraussagen wirklich stimmen, bräuchte es indessen sicher eine längere Beobachtungsperiode, finden die Reisleute.

Die wohlgemuten Agrartechniker planen übrigens bereits eine dritte Phase: Weiter nördlich soll am Uferlauf des Logone noch ein neuer Damm gebaut werden. Es ist wohl zu befürchten, dass die Warnungen der Veterinäre, der Geographen, Ökologen und Botaniker, wie auch diejenigen der Freunde der Nomaden wenig fruchten werden.

Eines ist übrigens sicher: Durch den künstlichen See mit den sehr flachen, sich oft verändernden Sumpfufern und dem seichten, stehenden Wasser werden Malaria und Bilharziose und andere Krankheiten

in einem Mass zunehmen, das nicht vorauszusehen ist. Da hat man vielleicht trotz vieler Warnungen und Einwände fortschrittsgläubig ein Werk angefangen, ohne dass jemand genau weiss, wie es enden wird.
Doch nun nach diesem Abstecher an den Logone wieder zurück ins stille Dorf von Wangai. Selbstverständlich schmeckte auch mir der Reis aus des Lamidos Küche, und ebenso selbstverständlich vertrat der junge Beamte mit dem Glauben an Fortschritt und Technik die Reispartei, aber meine Sympathien gehörten wie seit Jahren eher den Nomaden und Hirten.
Unsere Begegnung mit dem Schulleiter von Wangai darf ich nicht

Das Wasser dieses künstlichen Sees mit den absterbenden Bäumen stammt aus dem Logone. Ob dadurch der Grundwasserstand verändert wird, weiss man noch nicht.

vergessen zu erwähnen. Er stammte aus dem Dorf, war also kein Fremder, wie es sonst meistens der Fall war, und wohnte neben den Schulhäuschen in einem traditionellen Fulbegehöft ohne fliessendes Wasser und natürlich auch ohne elektrisches Licht, das dort noch unbekannt ist. Neben ihm amtierten zwei junge Anfänger aus einer andern Landesgegend.

Die Schulgebäude standen ausserhalb des Dorfes auf einem Hügel. Zwei zementierte Rechteckhäuser mit Wellblechdächern, zwei Schulklassen im ersten, eine andere im zweiten Haus. Ein drittes Schulhäuschen war im Bau, und alle drei Häuser von der üblichen öden Langweiligkeit. Eine armselige Schule ohne Mittel, ohne Material.

Am Rand des staubigen Platzes stand ein krummer Fahnenmast, daneben waren mit weissen Kieselsteinen die Umrisse von Kamerun ausgelegt, so gross, dass man in dieser Landkarte herumgehen konnte. Von der Atlantikküste bei Douala bis hinauf ans Südufer des Tschadsees hatte man etwa zwanzig Schritte zurückzulegen. Schulbuben, die mir diese Karte zeigten, fanden darauf erstaunlich rasch und richtig die Lage von Wangai, von Poli, von Garoua, der Stadt an der Benué, sie hüpften hinab nach der Landeshauptstadt Yaounde und, ohne sich zu besinnen, wieder zurück nach Kousseri, dort wo beim Zusammenfluss des Logone und des Chari, gegenüber von Djamena, gegenwärtig die Flüchtlinge des unseligen Krieges in der Republik Tschad untergebracht sind.

Einer, der eine Schule leitet, sie mag noch so klein sein, hat das Recht, sich Direktor zu nennen. Mein Begleiter Jürg machte bei seinem nicht viel älteren Kollegen einen Schulbesuch und wohnte einigen Lektionen bei. Da war nun allerlei anders, als er von daheim gewohnt war. Nicht jedes Kind besass ein Lesebuch. In einem Schrank findet er ein paar Bücher, hierüber steht in seinem Tagebuch: «Bücher ohne Deckel, zerrissene, vergilbte Seiten, Jahrgang der Lehrbücher: 1962.» Er entdeckt, dass noch kaum Mädchen zur Schule gehen. Schulkinder sind verlorene Arbeitskräfte, ausserdem hat man Schulgeld zu bezahlen, und wer es nicht aufbringt, bleibt zu Hause. Er entdeckt ein Anschlagbrett mit allerlei Reglementen und Vorschriften, wie Schule gehalten werden muss und wie ein Schulzimmer auszusehen hat, und erlebt, wie weit die Wirklichkeit von obrigkeitlichen Forderungen entfernt ist.

Die Erdnuss ist eine seltsame Pflanze: Nach dem Verblühen krümmen sich die Blütenstiele bodenwärts, so dass die Früchte in die Erde gelangen und dort reifen.

Aber dann staunt er, dass die Schulbuben nach ein paar Jahren Unterricht sehr gut französisch sprechen, viel viel besser als jeder, der in bernischen Landen nach fünf Jahren französischer Grammatik die Sekundarschule verlässt. Das ist weiter nicht verwunderlich, denn nicht nur im Französisch-Unterricht wird französisch gesprochen, sondern auch in allen andern Fächern wie Rechnen oder Geschichte.
Jürg fand guten Kontakt zu seinem «Kollegen», er wurde von ihm auch zum Essen eingeladen, und eines Abends besuchte uns der Schuldirektor. Wir verbrachten zusammen ein paar Stunden im ersten Hof des Lamido, wo wir horsteten.
Ein freundlicher, sehr scheuer Mann, wohl noch nicht ganz dreissig Jahre alt, der mir am Anfang kaum in die Augen zu schauen wagte. Nach und nach wurde er aber doch freier, zugänglicher, gesprächiger. Er habe die Einladung angenommen, sei nur zu uns gekommen, weil es bereits dunkel sei. Tagsüber gehe er nie ins Dorf, lege keinen Wert darauf, den Leuten des Chefs zu begegnen. Ein Fremdling im Ort seiner Geburt!
Der recht hellhäutige Lehrer beklagte sich mit gutem Grund über die sehr kargen Mittel, die er vom Staat für seine Schule erhalte, und er schimpfte über den Unverstand der Eltern, welche ihre Kinder daheim behielten, obschon Schulbesuch doch im Gesetz vorgeschrieben sei.
Gleichzeitig war er zu meiner Verwunderung der Ansicht, niemand sollte das Recht haben, die Koma zu zwingen, aus den Bergen herunterzukommen. Meinen Einwand, dass er sich widerspreche, liess er nicht gelten. Dort oben in den Bergen, sagte ich, gäbe es ja keine Schulen, und die Kinder jener Bergbauern hätten nie die Möglichkeit, das ABC zu lernen. Wozu die dort oben lesen müssten, wozu sie das Einmaleins nötig hätten, fragte er. Diese Bergler führten doch alle ein viel sinnvolleres Leben als die vielen Nichtstuer und Unzufriedenen da unten an der Strasse.
Diese Meinung vertrat der Schuldirektor von Wangai an diesem Abend bei uns im Hof des Lamido nur deshalb so frei und unerschrocken, weil der Chef für einige Tage weg war. Ausserdem wusste er, dass im grossen, weitläufigen Gehöft kaum jemand der Daheimgebliebenen auch nur ein Wort Französisch verstand.
Man darf sich über solche Vorsicht nicht wundern. Alte Hierarchien

Fröhliches Mädchen aus den Alantika. Man ist sogar bereit, die Lehmwürstchen hübsch zu finden.

und Machtverhältnisse halten sich trotz modernster Verfassungen. Erschien jeweils irgendein Bürger beim Chef, dann stand er in untertänigster Haltung, leicht vornübergebeugt und mit gefalteten Händen vor dem Lamido, der da schläfrig in seinem Sessel mehr lag als sass und gelangweilt zuhörte, was ihm der Besucher nur mit flüsternder Stimme vortrug.

Eines Tages sass der Chef neben seinem Hauseingang vor einer Mauer. Eine prachtvolle Matrone, sicher eine sehr angesehene Frau, ging sehr gebückt an ihm vorbei und kniete dann hinter der Mauer nieder. Sie konnten einander also nicht sehen, wohl aber gut hören. So führten sie

Ein Caîl-Cedra-Baum. Mit dessen kugelrunden harten Früchten von der Grösse kleiner Äpfel spielen die Buben Hockey.

dann ein langes, freundschaftliches Gespräch. In ihrer Stimme war nichts Untertäniges, aber er sass vorn in seinem Sessel, und sie kniete hinter der Mauer auf der Erde.
An kühlen Abenden verliess der Lamido manchmal sein Gehöft und setzte sich vor der Mauer neben die Alten. Sobald der Chef aber unter dem Tor erschien, standen alle Männer auf, alle, die irgendwo auf dem grossen Platz an Mauern gelehnt auf der Erde sassen, und sie setzten sich erst wieder hin, wenn ein Diener dem Lamido den hinausgetragenen Sessel untergeschoben hatte. So war es zur Zeit des Haman Jadschi, und so ist es in Wangai, ohne dass ich mich darüber verwundere, noch heute Brauch und Sitte.
Aber nun wieder zurück zu unserm Besucher. Ich war über seine Ansichten betroffen und gerührt. Da fand ich nun einmal einen mohammedanischen Afrikaner, einen Peul, der fern von jedem Rassismus die Partei der Bergler ergriff. Da hatte ich anderes erlebt. Seitenlang wäre zu berichten, mit welcher Überheblichkeit die Herrenrassen, die herrschenden Mohammedaner, in Nordkamerun die animistischen Bergbauern, die in ihren Augen Gottlosen, beurteilen, behandeln und ausbeuten. Und wer glaubt, dass nun in den jungen Republiken die «kleinen Leute» im Hinterland frei geworden wären, der täuscht sich gewaltig.
Ich dankte dem Lehrer für seine Toleranz und versuchte, ihn darin zu bestärken. Wir fragten ihn, wie sich in seiner Schule die verschiedenen Gruppen vertrügen, die hellen Fulbe mit den dunkelhäutigeren Koma und Tschamba. Er erklärte ohne zu zögern und stolz, in seiner Schule gebe es keinen Rassismus. Das sei verboten und abgeschafft und verschwunden. Du Guter, dachte ich, wie schön wäre es, entspräche es der Wahrheit.
Gegenüber der weissen Rasse fühlen sich mancherorts geschulte und gebildete Afrikaner irgendwie unsicher; das zeigt sich darin, dass sie fast unerträglich arrogant sind oder dann fast peinlich höflich und unterwürfig. Eine Haltung, die bei einem unzivilisierten Bergbauern oder Flussfischer undenkbar ist.
Unser Lehrer in seiner Unsicherheit rühmte an diesem Abend überschwenglich die weisse Rasse. Er, der eben behauptet hatte, Rassismus sei überwunden, lobte die Tüchtigkeit und Intelligenz der Europäer, die er bewundere, niemals könnten Afrikaner je Ähnliches leisten. Er beteuerte beredt, wie er sich geehrt fühle, dass wir uns so viel Zeit genommen hätten, sich ihm eine halbe Nacht lang zu widmen. Es war

peinlich, mir war es zuwider und für Jürg empörend. Natürlich gehören solche Sprüche zur afrikanischen Höflichkeit, andrerseits fühlte sich der einsame Mann uns gegenüber doch sehr gehemmt.

Mein Reisegefährte wollte unsern Gast dann kurz nach Mitternacht nach Hause begleiten, der aber fand das unschicklich, aber der Berner liess sich nicht abweisen. So gingen sie zusammen weg, aber nach einer knappen halben Stunde waren sie beide wieder da. Der Afrikaner hatte nun seinerseits als höflicher Mann den andern heimbegleitet, und wenn der Weisse einen so harten Schädel gehabt hätte wie der Schwarze, würden beide wohl noch immer auf den sandigen Wegen Wangais hin- und hergehen.

Allah' N'Tika

Für das Wort Alantika hat man dortzulande eine hübsche Erklärung, die vielleicht nicht ganz stimmt, aber doch so glaubhaft klingt, dass ich sie gerne erwähne: Alantika nannten die mohammedanischen Talbewohner, vornehmlich Fulbe, das unwirtliche Gebirge mit den dort wohnenden «Wilden», die jeweils, wie unsere Schweizer am Morgarten, Eindringlinge an passenden Stellen mit talwärts gerollten Felsbrocken unfreundlich empfingen. Man sprach nur mit Verachtung und Furcht von diesem Land. Alantika soll also entstanden sein aus Allah N'Tika (ungefähr phonetisch dem Erzähler nachgeschrieben), und das bedeutet: «Selbst Gott steigt dort nicht hinauf», dem Sinn gemäss also «das von Gott verlassene Land»!

Unsere erste Reise in die Alantika unternahmen wir, wie bereits erwähnt, seinerzeit unter der Führung des Administrators Relly. Vor dem Aufbruch herrschte in Poli emsiges Treiben. Der Schreiner verstärkte alte Kisten und versah die Deckel mit Scharnieren, der Schmied klopfte ein dickes Eisenblech flach, das später Minjem als Kochherd diente, der Schneider nähte aus einigen Metern Baumwolltuch Säcklein für Mehl und Zucker, aber vor allem, um unsern Doppelzentner Salz in bequeme Traglasten zu verwandeln, und ein anderer Spezialist reihte meine neun Pfund Glasperlen zu fröhlichen Kettchen, die wir dann später hübschen und weniger hübschen Mädchen und Frauen schenkten und um den Hals hängten.

Ein Lastwagen brachte uns an den Faro, der damals, Anfang Januar, noch breit und etwa hüfthoch floss, so dass wir samt dem umfangreichen Expeditionsmaterial in Pirogen übergesetzt wurden. Der Damm war noch nicht gebaut, und auf der andern Seite des Flusses gab es damals noch keine Autos, so dass uns der Dorfchef von Tschamba Träger besorgen musste.

Am nächsten Morgen reisten wir in der Frühe mit einer Gesellschaft

Die Träger erleichterten uns das Leben in den Bergen sehr. Sie waren leicht zu den schon damals amtlich festgesetzten Löhnen anzuheuern.

von mehr als dreissig Köpfen weiter und gingen mit unseren freundlichen Trägern wie zu Stanleys Zeiten in einer langen Etappe durch eine mit dornigen Sträuchern und staubigen Bäumen besetzte Savannenlandschaft von Tschamba nach Wangai. Voraus ritt Relly, der Commandant.

Uns hatte man auch Pferdchen zur Verfügung gestellt. Franz ritt tapfer mit, des Reitens ungewohnt, aber wenn ich im Sattel sass mit meinem Übergewicht und die Beine hängen liess, schleiften sie am Boden, so dass ich bald, aus Mitleid mit dem armen Tier, zu Fuss ging.

Die dürftig bekleideten Träger, kurzgewachsene, stämmige Kerle, hatte man in der Nacht aus den Bergen heruntergeholt. Ihnen marschierte nun ein junger Flötenspieler voraus. Die Burschen gingen munter wie die Wiesel barfüssig dahin, und da sie es nicht liebten, die Traglasten von den Köpfen zu heben, wenn sie diese einmal oben hatten, hielt man bis Wangai nur ein einziges Mal an.

Zu unserer Gesellschaft gehörten nebst den willigen Trägern die Boys. Da war der unvergleichliche Minjem, dann Husseini, der meinen Fotoapparat und den Rucksack trug mit der Filmkamera, den Ersatzfilmen, dem Tonbandapparat und dem Blitzlichtgerät. Aber mein «Fotoboy» hängte den braven schweizerischen Rucksack nie an den Rücken, sondern setzte ihn auf den Kopf, und selten streckte er seinen Arm nach oben, um ihn festzuhalten. In den Bergen wagte ich später kaum ihm zuzusehen, wie er von einem Block zum andern sprang, aber heruntergefallen sind meine zerbrechlichen Apparate nie.
In unserer Nähe sollte auch immer Kello bleiben, der Wassermann, aber das war manchmal recht schwierig für ihn, denn auf den Bergwanderungen blieb ich gerne vorne am Kopf der Trägerkolonne, und Franz schlenderte hinterher.
Kello trug zwei faustdick in Baumwollbänder eingenähte blecherne Feldflaschen mit dem Filterwasser, die er bei jedem Wasserloch eintauchte; das verdunstende Wasser sorgte für willkommene Abkühlung des Flascheninhaltes.

Mit dem Administrator Relly unterwegs. Seinerzeit stand uns für die Überwindung der heissen Strecke zwischen Tschamba und Wangai kein Auto zur Verfügung.

Etwa einen Kilometer vor unserm Ziel empfing uns Haman Jadschi mit seinen Notabeln, und auf dem Dorfplatz spielten dann zu Ehren des Commandant ein paar Musikanten, und bunt gekleidete Fulbefrauen schwangen ihre breiten Hüften in einem eher langweiligen Tanz. Wir verbrachten in Wangai einen angenehm kühlen Abend ohne Mücken, die Träger aber kehrten alle noch in der Nacht wieder zurück nach Tschamba.

Es wurden neue Träger aufgeboten, die dann die nächsten zwei Wochen bei uns blieben. Es war Brauch, dass auf den Reisen des Administrators jeweils auch der zuständige Chef de canton mitging. Deshalb gesellte sich nun am andern Morgen auch Haman Jadschi zu uns. So vergrösserte sich unsere Reisegesellschaft noch einmal, denn der Chef von Wangai brachte zwei Diener mit, ausserdem seine erste Frau, die ihrerseits von einer Dienerin begleitet war. Zur Suite von Relly gehörten zwei Goumiers, die ihre ungeladenen Gewehre umgehängt hatten. Einer von ihnen trug auch die Jagdflinte des Commandant. Man verpflichtete auch zwei sprachkundige Dolmetscher, und Minjem, der gefitzte, trieb noch einen «Marmiton» auf, einen «Pfannenputzbub», der die Schlafmatte und das Kleiderbündel seines neuen Herrn zu tragen hatte. Minjem trug fürderhin nur sein Küchenlaternchen.

«Yau, yau, yau – rasch, rasch!» schrie am andern Morgen Alabirra, der Anführer. «Yau, yau, yau – beeilt euch!» rief er in den kommenden Tagen jedesmal, wenn wir ein Koma-Dörfchen nach ein oder zwei Tagen Aufenthalt wieder verliessen und weiterzogen. Unsere Träger kamen dann jeweils von ihren Feuern, ihre Arme frierend vor die Brust gedrückt, zu unsern Hütten, in denen wir übernachtet hatten, und ordneten allmählich die Lasten, sobald Minjem alles eingepackt hatte. Alabirra kommandierte, wir Europäer hatten uns da nicht einzumischen.

Jeder unserer «Kopfarbeiter» – übrigens viele mit ausgesprochenen Trägerwülsten am Hinterkopf – versuchte mit gesundem Menschenverstand eine der leichtesten und bequemsten Lasten zu erwischen. Am geplagtesten war immer der, welcher Rellys schweres Eisenbett zu schleppen hatte. Der Chef, wer wollte es ihm, der so oft unterwegs war, verargen, leistete sich zu seinem Wohlbefinden den Komfort, stets in einem richtigen Bett mit einer weichen Matratze zu schlafen.

Bild einer Orchidee. Es ist staunenswert, wie rasch es am Ende einer endlos langen Trockenzeit nach den ersten Tropenregen wieder grünt und blüht.

«Yau, Yau, Yau!» rief jeweils Alabirra und mahnte am frühen Morgen zur Eile. Wir wollen marschieren, hiess das, solange es kühl und frisch ist, dem Ziele dann schon nahe sein, wenn die Luft heiss über den Felsen zu zittern beginnt.
So kamen wir nach Bimlerou und Bakiba, von Bakiba nach Batou, Kengelou, Mayilba und Bimba. All die kleinen Dörfer lagen stets etwa einen Vormittagsmarsch auseinander. Am Nachmittag versammelte Relly die Bewohner um sich, hielt eine grosse Rede, sprach ihnen gut zu, ermahnte sie, fleissig die kleinen Äcker zu bebauen. Er hörte sich Klagen an, versprach Abhilfe, fragte nach Krankheiten, um rechtzeitig eine Epidemie zu entdecken, warb für den Besuch der Schule, wohl wissend, dass sich kaum einer der Zuhörer würde überreden lassen, einen seiner Buben unten in Wangai zur Schule zu schicken.
Wie ein Landesvater sass er unter einer Schar von Menschen, es ging geruhsam zu, jeder Satz musste natürlich umständlich übersetzt werden, und Relly zeigte kaum einmal, dass er ungeduldig war. Hier unter diesen Kindern der Wildnis fühlten wir uns alle wohl.

Der erste Reisetag nach dem Aufbruch in Wangai war für alle der mühsamste. Bimlerou, das Tagesziel, lag auf 1180 Meter, fast tausend Meter höher als Wangai, und der der Morgensonne ausgesetzte Steilhang bot an diesem Vormittag keinerlei Schatten. Die geplagten Träger mussten sich «einlaufen», sich an die Lasten gewöhnen, manchmal auch einzelne Bündel neu zusammenbinden, bis sie ihnen besser auf dem Kopfe lagen. Wohl feuerten sie sich am Anfang mit heiteren Rufen an, aber bald wurden sie stumm, und auch der Vorderste steckte sein Flötchen weg. Die Sonne brannte, ich wischte mir den Schweiss vom Gesicht, ging, nicht besonders rasch, von Stein zu Stein, manchmal wie auf einer Turmtreppe, bergauf und stützte mich auf einen harten Hirsestengel und stöhnte. Allah N'Tika, wirklich das gottverlassene Land! Ab und zu fragte ich, ob es denn noch weit sei bis zu diesem verlorenen Bimleru.
«Beaucoup loin encore un peu!» erklärte munter Alabirra, und ich wusste nicht recht, lachte er mich aus oder wollte er bloss ein freundliches Gesicht zeigen.

◄ Mein unverschlossener Koffer enthielt die Reisekasse und die Schreibmaschine.

Bergland unter bleiernem Trockenzeithimmel. Vielerorts steigen die Alantika-Berge unvermittelt steil aus der Ebene empor. ►

Unsere Kolonne hatte sich längst weit auseinandergezogen. Wir vertrieben uns die Zeit mit allerlei Naturbeobachtungen. Die Einheimischen und Eingeweihten zeigten uns Pflanzen, die ihnen irgendwie von Nutzen waren. Da gab es ein Kraut, das sich besonders gut eignet, um damit scharfe Saucen zum Hirsebrei zu kochen. Ein anderes geniesst man wie bei uns den Spinat. Wir lernten den Fonio kennen, eine Grasart, deren kleine Samen wie die Hirse verwendet werden. Wir sahen Pflanzen, aus deren Asche man ein würzendes Salz gewinnt. Einige Sträucher glichen in Duft und Farbe der Gardenia, andere Blumen waren blau und rot, aber im allgemeinen fehlten farbige Blüten in dieser Jahreszeit. Haman Jadschi kaute fleischige Blütenblätter, wie wir es als Knaben mit dem Sauerampfer gemacht haben. Und aufgefallen sind uns einige Baumfarne, Agogo wurden sie genannt, und aus ihnen braut man ein Mittel gegen den Bandwurm.
Spezialisten mögen mich entschuldigen; mit meiner Botanik wissen sie sicher wenig anzufangen, aber ihnen hier die Namen in der Sprache der Koma oder Fulbe hinzuschreiben, die ich vermutlich im Tagebuch fände, würde ihnen wohl wenig weiterhelfen.
Haman Jadschi erklärte, in diesen Felsentrümmern sei auch der Klippschliefer zu Hause, den ich aus den Mandarabergen gut kenne. Das Tier erinnert sehr an unsere Murmeltiere, aber nach der Meinung der Zoologen gehört es seinem Knochenbau nach zu den Elefanten. Heimisch sei auch die Zibetkatze. Das glaubte ich gerne, denn mancher unserer Träger trug eine kleine Umhängetasche aus dem fleckigen Fell dieser Wildkatze, um darin mangels Hosensäcken die Pfeife, den Tabak oder andere Kleinigkeiten zu versorgen.
Man sprach auch vom Panther. Dass er in diesem höhlenreichen Gebirge heimisch sein könnte, war einzusehen. Die Bestätigung erhielten wir nicht etwa, indem wir einen gesichtet hätten; doch an diesem Vormittag gingen wir an mehreren Pantherfallen vorbei, die mit einem toten Zicklein als Köder gerichtet waren.
Vögel sahen wir wenig, da war die Tageszeit nicht günstig. Relly, der sich immer sein Jagdgewehr nachtragen liess, schoss einen Milan und brachte die Flügel ins nächste Dorf, weil sie zum Kopfschmuck der Zauberer gehören.
Bereits eine halbe Stunde vor unserer Ankunft in Bimlerou widerhallten die Felsen vom Klang der Hörner und Pfeifen, stets ein tröstliches Zeichen, wie ich in der nächsten Zeit erfuhr, dass das Dorf und der Schatten nicht mehr weit weg sein konnten. Ich eilte, so gut das auf

diesem vertrackten Pfad möglich war, an den Kopf der Menschenschlange, um mit den ersten im Dorf anzukommen.
Doch plötzlich fuhr ich erschrocken zusammen, denn hinter einem Felsen hervor sprang mit grässlichem Geschrei ein schwarzer Teufel auf mich zu, und bald noch ein zweiter. Es waren die jungen Dorfzauberer, die Lehrlinge, die nun um uns herum tanzten, mit unwahrscheinlichen Sprüngen Felsbrocken überhüpften, schrill lachten und uns mit verstellten Weiberstimmen verhöhnten und verspotteten. Ihre

Empfang in einem Alantika-Dorf durch die jungen Zauberer, die seltsamerweise ▶ bei den Koma gleichzeitig eine Art Hofnarrenrolle spielen.

In Quetschfallen, die noch heute gebräuchlich sind, versucht man Panther zu fangen. Packt das Raubtier den Köder, fällt ihm ein Felsbrocken auf den Kopf.

Gesichter waren mit Russ und roter Farbe beschmiert und mit Baumwollflocken beklebt, und beide trugen Schnurhauben mit Raubvogelflügeln. Sie drehten uns den ebenfalls rotgefärbten Hintern zu und gaben dabei unzweideutige Geräusche von sich – man verzeihe, aber es war wirklich so: sie furzten! Relly hatte uns längstens auf diese «Koma péteux» vorbereitet, deren Zauberer offenbar imstande sind, diese peinlichen Geräusche nach Belieben von sich zu geben.
So wurden wir von den beiden betriebsamen Kobolden ins Dorf geleitet. Bei den Koma spielen Zauberer eigenartigerweise gleichzeitig auch die Rolle von Hofnarren und Spöttern, deshalb war es ihr gutes

Gehöft in einem Alantika-Bergdorf. Das unordentlich gedeckte Dach gehört zu einem Speicher. Gerne versteckt man die Häuser zwischen Felsen und Bäumen.

Zu Ehren des Chefs von Wangai und des Administrators von Poli, die uns in die Bergdörfer begleiteten, empfing man uns vielerorts mit einem Tanz.

Auf den nächsten zwei Seiten ist die einzige Karte abgebildet, die wir damals zur ▸ Verfügung hatten. Darüber findet sich im Anhang ein ausführlicher Text.

Recht, sich über unsere bleiche Haut, über den Schweiss und unser Gebaren lustig zu machen. Auf diese Weise verhöhnt zu werden passiert nur jenen, die man gastfreundlich aufnimmt, und es ist ein Zeichen dafür, dass einem das Dorf nicht feindlich gesinnt ist.
Voksi, der Dorfhäuptling, ein kräftiger krummbeiniger Mann mit einem Pferdegebiss, kam uns breit grinsend entgegen, keineswegs untertänig oder sich vor dem hohen Besuch fürchtend.
Auf dem Dorfplatz schlug einer bereits die Trommel, einige Burschen begannen wieder auf ihren Flöten zu blasen, aber da jeder auf seinem Instrument nur einen einzigen Ton zustande brachte, jeder einen andern, dauerte es einige Zeit, bis daraus eine eher eintönige, aber doch einigermassen rhythmische Melodie entstand.
Wir hockten bereits unter einem Schattenbaum, hatten den ersten brennenden Durst gelöscht, der den Hunger tötet, als nun die rotgeölten Frauen und Mädchen auftauchten und zu tanzen begannen.
Monsieur Relly, an diesen freundschaftlichen Brauch des Empfangstanzes gewohnt, liess dieses «Spektakel», wie er es nannte, gelassen über sich ergehen. Wir aber waren begeistert und hatten unsere Müdigkeit bald vergessen. So sind wir dann in allen Komadörfern empfangen worden: Zuerst hüpften die federgeschmückten Spötter um uns, dann lockten die Musikanten die Tänzerinnen herbei.

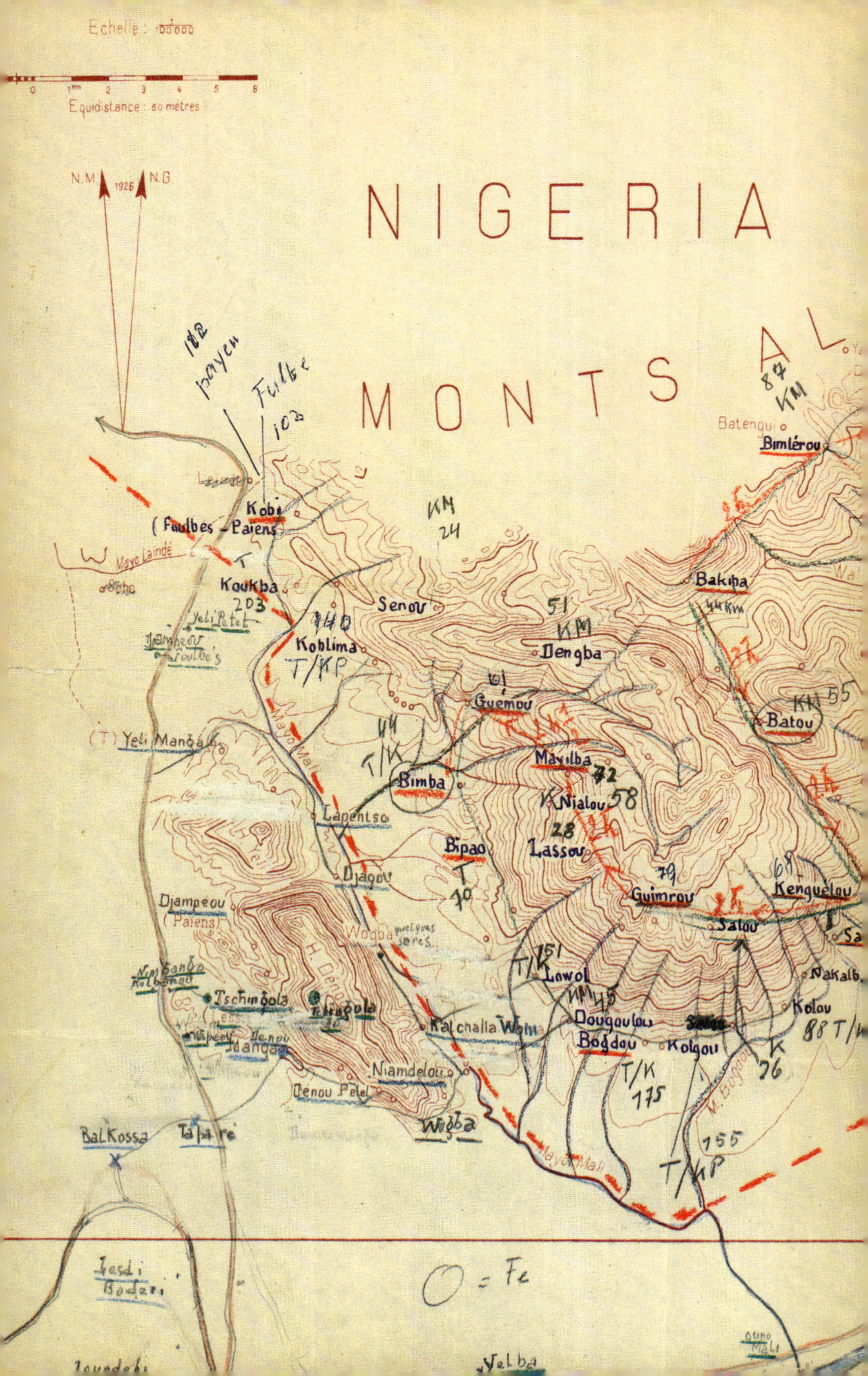

Echelle : 100000
Equidistance : 60 mètres
N.M.
1926
N.G.
NIGERIA
MONTS AL
Batengui
Bimlérou
Kobi
(Foulbes - Paiens)
Mayo Laindé
Koukba
203
Senou
Koblima
Dengba
Bakiba
Guemou
Batou
Bimba
Mayilba
Nialou
Lassou
Lapentso
Bipao
Djagou
Djampeou
(Paiens)
Wogba
quelques seres
Guimrou
Kenguelou
Satou
Lowol
Dougoulou
Bogdou
Kolgou
Kolou
Katchalla
Niamdelou
Denou Pelel
Wogba
Mayo Mali
M. Bogdou
Balkossa
Tabaré
O = Fe
Yelba

Carte schématique
des Monts Alantikas
Tournée du 1er au 25 Juin 1926
du Capitaine Coste
Mise à jour en 1954 - Relly
NTIKAS
Komboro (Païens)
Gueri
Komboro (Foulbés)
M. Guede
Guedé
VERES
Djalingo
Karlahi
Bogue
Pouipa
Wango Balang
Deguilou
Bassouno
Gani
Bogue
Soukourou
Librou
Goumti
Filsi
Mouguini
M. Niongpele
Katchalla
Guelba
Loua
Dingsi
H. Manga
Dekiba
M. Mamba
Ndera
Sassi
Tchamba
M. Zone
M. Yaldigre
M. Dekiba
Wangaï (Païens)
Wouimboum
Mayo Niwoua
Wangaï Poste
Balou
Soulabe
et
Malba
M. Dirdire
M. Mouguina
H. Balou
Balgou Do
Balgou Less
Balou
M. Sanga
Dingtiré
FARO
Ouro Bobé
Singkoli
M. Sanga
Bouka
Djanguine
Mayo Walté
Dorba
Dorkolba
Ourdi
Nyiware
Doongo
Déo
Faro
DEO

Meines Wissens erreichen die höchsten Gipfel der Alantika nirgends zweitausend Meter. Auf unsern Wanderungen haben wir wohl unwissentlich «Erstbesteigungen» gemacht, aber alpinistische Kunststücke und Anstrengungen wurden dabei nicht verlangt. Überall liegen die wunderlichsten Felsfiguren, Produkte der Trockenerosion in einer unbarmherzigen Natur, wo die Hitze Schale um Schale vom Urgestein löst. Da wurden dem fantasiebegabten Auge dort, wo sich der massive Fels in ein gewaltiges Puzzlespiel auflöst, Burgen, Schlösser, zerfallene Städte vorgegaukelt. Wir ergötzten uns an versteinerten Sauriern, an urweltlichen Echsen, die sich sonnten, an Ungeheuern, die das Land

Diese Berge sind von wunderlichsten Felsfiguren erfüllt, an Skulpturen Henry Moores erinnernd. Produkte der Trockenerosion in einer unbarmherzigen Natur,

wo die Hitze Schale um Schale von den Felsen sprengt. Ein Puzzlespiel, das dem Fantasiebegabten Burgen und Schlösser, Riesen und Ungeheuer vorgaukelt.

bewachten. Ein Bildhauer, welcher der Fantasie des Beschauers mehr überlässt als der eigenen, müsste in diesen skurrilen Trümmerfeldern der Alantika Anregung für ein Lebenswerk finden.
Vielleicht stimmt man mir zu, dass irgendeiner der hier abgebildeten Felsen, vor einem öffentlichen Gebäude in unsern Breiten aufgestellt, mindestens so anregend sein könnte wie manch eines der an solchen Orten üblichen Kunstwerke.
Besonders eindrücklich war eine freistehende, fast vierkantige Säule, ein Riesenobelisk, dessen Höhe wir mit primitiven Messmethoden nach Pfadfinderart auf etwa siebzig Meter schätzten. Diese «Aiguille de Saptou», die Nadel von Saptou, so genannt nach dem Namen des nächsten Dörfchens, erhebt sich ganz unvermittelt aus einer gegen Osten und die Ebene hinaus gerichteten Rippe, und man fragt sich, welcher Riese sie dort hingestellt hat. Dieses Wahrzeichen der Alantika bekamen wir immer wieder zu Gesicht, bald von oben her, von einem Grat aus, bald unten vom Tal her, und von Gipfeln im Osten oder im warmen Abendlicht aus dem Westen. Aber den Zauberer Sengbogga, der dort wohnt, haben wir nicht gesehen.
Immer wieder erlebten wir in dieser grossartigen Landschaft neue Überraschungen; wir wanderten im hohen Gras einem Grat entlang, gingen irgendwo auf eine kapartige Egg hinaus und erblickten unter uns, mehr als tausend Meter tiefer, die flussdurchströmte Ebene, die gegen Osten hin im heissen Dunst verschwand.

Manchmal kletterten wir mit ein paar Burschen durch Trümmerhalden mit fast haushohen Granitblöcken und liessen uns die kaum auffindbaren Höhlen und Löcher unter den Felsbrocken zeigen, in denen sich noch ihre Väter mit Frauen, Kindern und den Haustieren versteckt hatten, wenn Gefahr drohte. Diese Schutzhöhlen waren teilweise nur mit Seilen erreichbar. Da man sich dort auch Vorräte hielt und in der Tiefe etwa auch ein Bächlein mit eiskaltem Wasser plätscherte, war es wohl möglich, im Dämmerlicht der Höhlen während Tagen auszuhalten, bis die Sklavenjäger abgezogen waren.
Noch 1955 dienten diese alten Verstecke als Vorratskammern, und in eine solche Kluft schickte Haman Jadschi einen seiner Diener, ihm von einem verdorrten Strauch ein paar Ästchen zu holen, die es dem Kundigen erlauben, zusammen mit Fett eines weissen Hammels unsichtbar zu werden, wie ich bereits im vorderen Kapitel erzählte.

In einem dieser gewaltigen Trümmerhänge zwischen Bakiba und Batou führte uns Relly zu dem auf Seite 187 abgebildeten «Pierre des écritures», einem «Runenstein», zu einem Kuriosum, das einen fasziniert. An der fast senkrechten Fläche eines Riesenblockes befindet sich, reliefartig hervorstehend, ein riesiges Sechseck von fast drei Metern Kantenlänge, in das ein Netz von sich kreuzenden parallelen Linien tief eingeschnitten erscheint. Es ist so regelmässig «eingehauen», dass man sofort an Menschenwerk denkt, diesen Gedanken aber doch wieder verwerfen muss, denn in Zentralafrika ist meines Wissens nie Ähnliches gefunden worden, noch weniger kann man sich vorstellen, dass die heutigen Bewohner der Berge mit ihren einfachen Geräten imstande wären, an der unzugänglichen Wand solche Skulpturen anzubringen.
Relly meinte dazu, sie seien vielleicht entstanden, bevor der Block heruntergekullert sei, als die ornamentierte Fläche vielleicht noch horizontal gelegen hätte. Er glaubte fest an menschlichen Ursprung, nicht an geologische Verwitterung. Verwitterungsformen im Urgestein mit Linienmustern, die kreuz und quer liefen, haben wir viele gesehen, aber nie waren sie so regelmässig angeordnet, nie waren die Abstände zwischen den geraden Linien so gleichbleibend. Und besonders erstaunlich scheint, dass das Sechseck wie ein Schild aus dem Felsblock

Die «Aiguille de Saptou», die Nadel beim Dorf Saptou, ist etwa siebzig Meter hoch und wurde für Wangai zum Wahrzeichen wie das Matterhorn für Zermatt.

heraussteht. Damals neigten wir eher dazu, der Meinung Rellys zuzustimmen, heute glaube ich aber doch an eine natürliche Ursache.
Die Geschichte hat eine Fortsetzung. Bevor ich einen Aufsatz über diese rätselhafte Erscheinung schrieb, ging ich mit den Fotos zu Freunden an der Berner Universität. Der Völkerkundler und Urgeschichtler lehnte ohne zu zaudern die Annahme ab, dass die Ornamente von Menschen stammten. Worauf ich zum Geologen und Mineralogen wanderte, der sich mit seinen Assistenten beriet, bevor er mir erklärte, so regelmässige Verwitterungsformen seien ihnen eigentlich nie begegnet, er möchte nicht ausschliessen, dass es sich um ein Werk von Steinzeitkünstlern mit schwarzer Hautfarbe handeln könnte. Worauf ich so klug war wie zuvor.
Mein Aufsatz ist damals, nebst einigen Bildern, im «Kosmos», einer deutschen Zeitschrift für Liebhaber der Naturwissenschaften, erschienen, und ich erhielt von hilfsbereiten Lesern die seltsamsten Deutungsversuche.
Ein norddeutscher Lehrer nahm an, es sei ein Dokument vorgeschichtlicher Astronomen. Eine Frankfurterin glaubte, der Stein sei von einem heute verschwundenen zweiten Mond zu uns heruntergesaust. Jemand behauptete, es handle sich um ein durch eine Naturkatastrophe herausgebrochenes und geschleudertes Stück aus einer vorsintflutlichen Kultstätte. Die Idee eines eingehauenen Siedlungsplanes tauchte auf, und in einem dieser Briefe gutgesinnter Helfer wurde auch auf das sagenhafte, verschwundene Land Atlantis verwiesen. Es liege doch auf der Hand, dass das Wort Alantika aus dem verstümmelten Atlantis entstanden sei, schrieb ein Leser aus Winterthur, diese Leute wären sicher imstande gewesen, solche Figuren in den Stein zu schlagen.
Nun, es handelt sich wohl doch bloss um eine etwas aussergewöhnliche Verwitterungsform. Übrigens hat sich damals unter den «Kosmos»-Lesern kein einziger Geologe oder Mineraloge gemeldet, der mitgeholfen hätte, das Rätsel zu lösen. Vermutlich war ihnen meine Frage nach dem Ursprung ganz einfach zu dumm. Wenn ich Glück habe, liest einmal Herr von Däniken diese Zeilen. Er wird dann sicher die richtige Erklärung finden.

Dieses Netz von tief eingeschnittenen und sich kreuzenden Linien ist so regelmässig, dass man versucht ist, an Menschenwerk zu denken (Bild rechts und auf Seite 188). Die beiden Fotos auf der Seite 189 zeigen zum Vergleich Verwitterungsformen im Urgestein, wie man sie in den Bergen Nordkameruns überall findet.

Zu diesem «Schriftstein», wie ihn Relly nannte, gab es keinen Pfad, und der Abstecher von der Trägerkolonne weg glich eher einer Kraxelei. Man kletterte über riesige Blöcke, zwängte sich zwischen andern hindurch oder seiltänzerte um sie herum. Man stöhnte über die dornigen Büsche und musste sich überall vor Löchern in der Trümmerlandschaft in acht nehmen. Lästige lange Grashalme allüberall kitzelten die Nase.

Affen bellten uns an, Milane segelten fast immer über uns, manchmal erwischte man mit dem Blick eben noch ein Erdhörnchen, das sich zwischen die Steine rettete.

Minjem war wohl imstande, auch aus primitiven Küchen gute Mahlzeiten auf unsere Feldtischchen zu zaubern, aber bald wurde sein Speisezettel etwas eintönig.

Wir wanderten damals während Tagen meistens in Höhen zwischen 1200 und 1500 Metern von Dorf zu Dorf. Die schmalen Weglein führten bergauf, dann wieder steil abwärts durch ein Tälchen und wieder hinauf, wir gingen durch hohes Gras und an wucherndem Gestrüpp vorbei, turnten über kleine Brücken aus krummen Stämmchen. Immer wieder kamen wir durch wilde Blocklandschaften, gingen Trümmerhalden entlang, dann wieder über Felsplatten und Weidelandschaften und wunderten uns sehr, auf 1500 Metern noch kleine, manchmal kaum tischgrosse Hirsefelder zu finden.
Allmählich entstand ein gutes und kurzweiliges Verhältnis mit unserer grossen Schar von Trägern. Wir prägten uns einige Namen ein und erlaubten uns, zum Kummer von Haman Jadschi, sie ein wenig mit Zigaretten, mit Bonbons und auch allerlei Hilfsbereitschaft zu verwöhnen. Dem einen rückten wir eine Last zurecht, die herunterzurutschen drohte, dem andern halfen wir mit Schnüren aus, seine Bündel zusammenzubinden, und oft hatten wir Wunden an den Zehen der Burschen, die fast alle barfuss gingen, zu verbinden. Man merkte, dass sie solche Freundlichkeiten von seiten ihrer Herren gar nicht gewohnt waren. Überfordert wurden sie allerdings auf unserer Reise nicht, die Tagesetappen waren nicht allzulang, und immer kamen wir rechtzeitig am Ziel an, bevor die grosse Mittagshitze uns zu plagen begann. Die Zeitangaben auf der farbigen Landkarte (Seiten 180, 181) stimmen nicht, mindestens eine Stunde müsste man dazuzählen. Da war Relly mit seinen Eintragungen doch zu optimistisch.
Kurz nach unserer Ankunft lud Minjem bereits zum Essen ein, unser Küchenzauberer kochte immer umständlich nach französischer Manier, mit verschiedenen Gängen und einem unvermeidlichen Kaffee zum Schluss. Aber Haman Jadschi setzte sich zur Essenszeit nie an unsern Feldtisch; ich glaube, er ass nur in aller Morgenfrühe und dann spät abends, wenn die Nacht bereits hereingebrochen war, und er ass nur, was ihm seine erste Frau und deren Dienerin kochten, und immer setzte er sich abseits hin, wo ihm keiner zuschauen konnte. Die Frauen, übrigens die einzigen in unserer eher rauhen Reisegesellschaft, stillten ihren Hunger selbstverständlich erst nach ihm. Selbstverständlich, heisst es da; freundliche Leserinnen wollen dieses Wörtchen nicht als meine Zustimmung auslegen, sondern zur Kenntnis nehmen, dass selbstverständlich in einem traditionellen afrikanischen Haushalt die Frauen und Kinder *nach* dem Mann zu essen bekommen. Das dürfte sich vielerorts vorderhand nicht ändern.

Die Träger kochten immer erst am späten Abend in einem riesigen Tongefäss den Hirsebrei, und meistens sassen sie bis gegen Mitternacht munter schwatzend an der wärmenden Glut.
Grossartig waren die Nachmittage in den kleinen Dörfern. Zu beobachten gab es der geheimnisvollen Dinge genug, und Franz und ich waren voll beschäftigt mit unserer Fotografiererei und Filmerei. Kurzweilig auch die Fragestunde, wenn Relly die paar Dutzend Einwohner um sich versammelt hatte und sich zusammen mit Haman Jadschi, dem Chef von Wangai, mit ihnen unterhielt. Ich glaube, es war im Dörfchen Bakiba, als man dem Commandant irgendeinen Handel wegen einer Kuh vortrug, den er schlichten sollte. Aber da entstand ein Wirrwarr, weil es wegen der Namen Unklarheiten gab. Die Sache war nicht einfach. «Sie wechseln ihre Namen wie ihre nicht existierenden Hemden», seufzte Relly und versuchte geduldig, den Knäuel zu entwirren. Bei der Geburt gibt der Vater dem Sohn einen Namen, einen zweiten bekommt er von der Mutter. Diese Namen wechselt er bei der Beschneidung gegen einen dritten. Stirbt sein Vater und tritt er als ältester Sohn die Erbschaft an, wählt er sich einen neuen Namen, und niemand macht Einwendungen, wenn er bei beliebiger Gelegenheit wieder anders genannt zu werden wünscht.
Im gleichen Dorf zeigten sich der Zauberer Dodschi und sein Sohn Uergo besonders zugänglich. Sie führten uns von einem Haus zum andern. Da war ein Speicherchen, das geweisselte Krüge und grosse Flaschenkürbis-Trompeten barg, die nur bei Totenfeiern geblasen werden. An einer Rundhütte hingen unter dem Strohdach an der Aussenwand Girlanden von Schädeln des Daman, des Klippschliefers, und drinnen, in diesem Kulthaus, in welchem auch Bier gebraut wird, waren die Wände mit den Schädeln geopferter Stiere geschmückt. Dazwischen hingen verstaubte und mit Spinnweben überzogene Sanduhrtrommeln. In Dodschis Haus entdeckten wir das hier abgebildete schöne Relief einer Schlange. Rings um die paar Häuser schützten allerlei geflochtene «Fetische» die Bewohner vor Krankheit und Ungemach. «Welch eine fromme Gegend», meinte Franz.
Im nächsten Ort, in Batou, wurden wir wie üblich von den Kobolden und den Musikanten empfangen. Die Häuser lagen zwischen pittoresken haushohen Trümmerfelsen versteckt. Auch da ein auffallender

Bei Gefahr findet man überall in den Trümmerhalden Schlupfwinkel. Manchmal rinnt in der Tiefe auch ein Bächlein dahin, mit kühlem, sauberem Wasser.

Wasserreichtum. Hier, übrigens auch in Bakiba, waren sehr wenig Menschen zu Hause. Sie seien unten in den Feldern mit der Hirseernte beschäftigt, erklärte man uns. So erfuhr ich, dass schon damals diese Bauern unten in der Ebene pflanzten, trotz der Unbequemlichkeit aber nicht daran dachten, ihre Bergnester zu verlassen.

Das nächste Dorf, eines der schönsten, hiess Kengelou. Es lag so, dass man durch einen Talausschnitt in die Ebene hinausschauen konnte, und in der Mitte dieser durch Bergzüge begrenzten Aussicht entdeckte man die Silberbänder des Mayo Faro und des Mayo Deo, die sich dort vereinigten. Auch in Kengelou floss ein Bach; er wand sich geruhsam durch eine kleine Ebene und sorgte dort für grünen Pflanzenschmuck. Da standen auch einige Baumwollsträucher, mit Blüten gross und gelb wie Teerosen.

Der nächste Tag endete nicht sehr vergnüglich für mich. Kurz vor dem Ziel, dem Ort Guimrou, eilte ich den Trägern voraus, um sie bei einem romantischen Durchgang zwischen Felsen zu filmen. Dabei blieb ich mit einem Schuh zwischen zwei Steinen eingeklemmt hängen und fiel auf die Kante eines Blockes. Resultat: der Kamera war nichts geschehen, ich aber war Besitzer einer argen Oberschenkelquetschung.

Nun, Guimrou war nahe, ich hatte dort einen Nachmittag Zeit, mich zu schonen und fleissig kühlende Umschläge zu wechseln. Und am andern Tag humpelte ich an einem Hirsestengel weiter, drei mühsame Stunden weit bis zum Dörfchen Mayilba.

Es ging nicht besonders gut, ich war fiebrig, mein schmerzhafter Schenkel stark geschwollen. Zu schildern wäre ja nun, wie ich mit meinem Stock in der Hand mühsam dahinging, ächzend das verletzte Bein über jeden Stein hob, das linke, gesunde Bein voranstellte, wenn es aufwärts ging, das kranke vorsichtig vorzusetzen wagte, wenn man einen Hang hinab zu gehen hatte.

Zu schildern wäre, wie die Expedition mit Rücksicht auf mich anderthalb Tage in Mayilba blieb, wie ich in einer Strohhütte auf meinem harten Feldbett lag. Neben mir die Kalebasse mit der essigsauren Tonerde, weiter ein Notizblock, ein Buch, eine russige Kanne mit Tee. Sonnenstrahlen zauberten Muster durchs löcherige Strohdach, Eidechsen jagten Fliegen, Mücken plagten mich. Draussen lärmten ein paar spatzenähnliche Vögel, rote Hirsepicker. Die kleinen Körnerfresser

Administrator Relly unterhält sich mit den Einwohnern eines kleinen Koma-Dorfes. Die seltsamen Gebilde aus Halmen sollen vor allerlei Ungemach bewahren.

wagten sich bis zur Türöffnung. Und die Gedanken kamen und gingen. Wie wäre man dran mit einem schweren Beinbruch, wer brächte mich von hier in Mayilba, tausend Meter über dem Tal, mit einem geplatzten Blinddarm in ein Spital am andern Ende der Welt?
Zu berichten wäre von der Anteilnahme und Hilfsbereitschaft aller, die sich freuten, als ich am Abend des zweiten Tages wieder aufstand und umherhumpelte.
Am nächsten Tag wagten wir den Abstieg steil hinab nach Bimba, das bereits fast in der Ebene lag. Es ging langsam, aber doch überraschend gut. Franz, Hairu und ein dritter Helfer blieben getreulich bei mir. Der

Manche Quellen sind auch am Ende der Trockenzeit nicht versiegt. Da ist man in den Alantika-Bergen bedeutend besser dran als weiter nördlich in den Mandara.

miserable Pfad durch gleitendes kleines Geröll und über Felsentreppen mit viel zu hohen Stufen war auch für gesunde Beine widrig.
Auf halbem Weg fanden wir in einer Schlucht einen kühlen Bach mit aufgestautem Seelein. Fische drin und Wasserläufer an der Oberfläche. Es war schön, den Leuten aus einem nahen Dörfchen zuzusehen, wie sie mit bauchigen Krügen Wasser holten, wie sie sich, auf den Fersen sitzend, nach vorn beugten und die Krüge eintauchten. Nachher wuschen sie sich das Gesicht, spülten den Mund aus und bliesen das Wasser kräftig zwischen fast zugekniffenen Lippen hinaus. Eine Frau war imstande, das Wasser aus den Nasenlöchern hinauszuspritzen.
In Bimba verbrachten wir den Nachmittag beim Schmied. Er wohnte wie die Schmiede bei den Mafa in den Mandarabergen ausserhalb des Dorfes, und er war wie dort gleichzeitig ein Zauberer und auch der Leiter der Totenkulte. Seine Frau und ihre Töchter waren Töpferinnen, auch das eine Parallele zu den Mafa. Nur Schmiedefrauen haben dort das Recht zum Töpfern.
Der alte Mann hatte einen grossen Ruf als Deuter der Zukunft, er kannte mancherlei Arten, das Orakel zu befragen. Da standen allerlei geheimnisvolle Töpfe, den Seelenkrügen, die ich aus den Mandarabergen kannte, nicht unähnlich; da lag allerlei Zaubermaterial herum, eine hölzerne Sichel, merkwürdige Messer, Antilopenhörnchen, und aus einem geflochtenen Sack schüttete er nun Dutzende von seltsamen Objekten heraus, als Haman Jadschi sich von ihm wahrsagen liess. Da waren Kaurimuscheln, Ziegenhörnchen, Wachs, Glasperlen, gekerbte Holzstücke, Vogelfedern und Stachelschweinborsten. Der Lamido wollte also wissen, ob ihm bald einmal Kinder geschenkt würden. Der Alte kauerte vor einer Kalebasse, schüttete aus einem Krüglein Wasser hinein und hantierte eine Weile mit seinem Zauberzeug. Er blickte tiefsinnig auf die Hölzchen, Federn und Kaurimuscheln, verschob mit dem Zeigfinger ein Ziegenhörnchen gegen eine Vogelfeder und erklärte dann endlich, Haman Jadschi werde viele Kinder bekommen.
Ärgerlicherweise habe ich nun bei meinem letzten Aufenthalt in Wangai vergessen, mich danach zu erkundigen, ob die Prophezeiung des Orakelpriesters von Bimba in Erfüllung gegangen ist.
Von Bimba marschierten wir in der Ebene den Bergen entlang über Bogdou, Kolgou und Saptou nach Wangai zurück. Im Campement war es nun möglich, meine Verletzung während ein paar Ruhetagen zu pflegen. Buba, der Infirmier, kam täglich zweimal, um mir irgendeine stinkende Salbe einzuschmieren. Er war dankbar für diesen Vorwand,

Da sitzt der alte Zauberer von Bimba inmitten all der geheimnisvollen Dinge, die er benötigt, um mit einem Orakel die Zukunft zu deuten. Er füllt das Krüglein mit einer trüben Brühe und lässt sie nun fast tropfenweise in die Schale mit öligem Inhalt zurückplätschern. Seine Schlüsse zieht er aus den entstehenden Figuren.

uns oft zu besuchen, mit uns zu schwatzen, sich mit vielen gescheiten Fragen zu erkundigen, wie man bei uns zu Hause lebe, und er wollte wissen, was ausserhalb seiner kleinen Welt geschah. Wir mochten ihn gut, seine Besuche störten gar nicht, ausserdem war seine Salbe wirksam.

Wir verbrachten friedliche Tage in Wangai, bis mein Bein wieder einigermassen in Ordnung war. Tagwache wie immer etwa um sechs Uhr, allerlei Büroarbeiten, Briefe schreiben, die Optik der Fotoapparate von Reisestaub befreien. Kello geht mit der Wäsche ans Flüsschen hinter dem Dorf, am Nachmittag wird er sie bügeln. Wir dösen über

Im alten Rasthaus von Wangai verliert man jede Ungeduld, wird getragen von der Ruhe dieser Umgebung. Auch wenn sich nichts ereignet, man langweilt sich nie.

Mittag unter dem Moskitonetz, nicht wegen der Mücken, sondern um den lästigen Fliegen zu entrinnen.
Am Nachmittag pirschen wir vielleicht mit dem Fotoapparat hinter ein paar Geiern oder Tauben her, und später bummeln wir durchs Dorf. Im Schatten der Mauern liegen oder sitzen gegen Abend wie an jedem Tag nichts tuende Männer. Sie stehen vielleicht zum Grüssen sogar auf, heben ihr gesticktes Käppchen, und wir fragen: «Ça va?» – «Ça va bien», sagen sie. «C'est très bien», sagen wir – «Oui, c'est très bien», antworten sie. Und dann sitzen oder liegen sie wieder ab, wir gesellen uns zu ihnen, und dann schwatzt man ein wenig miteinander, oder man schweigt miteinander.
Ich liebe diese ereignislosen Tage, man wird von der ruhigen Stimmung getragen, die alles erfüllt, kennt keine Eile mehr, verliert alle Ungeduld und langweilt sich nie, auch wenn kaum etwas geschieht.
Doch dann beginnen wir allmählich, uns für die zweite Reise, hinauf in die Berge nach Bimlerou, vorzubereiten, uns ein paar neue Träger zu besorgen und bei Haman Jadschi die Bewilligung einzuholen, Bouba als Dolmetscher mitzunehmen.
Relly hatte uns sofort nach unserer Ankunft in Wangai wegen eines Telegramms verlassen. Der Bote, der zu Fuss aus Poli kam, brachte die Post, die Madame Relly uns nachschickte. Der Bursche trug die wie immer sehr willkommenen Briefe von daheim, die Börsenzeitungen für den Chef und das dringende Telegramm in einem gespaltenen Hirsestengel eingeklemmt. Unser Freund hatte es eilig, in sein Büro zu kommen, denn die Meldung von seinen Vorgesetzten in Garoua war chiffriert. Er hatte keine Ahnung, ob es sehr wichtig sei oder nicht, das war beunruhigend. Wir erfuhren es dann später. «Preise für Medikamente sind um drei Prozent zu erhöhen», lautete der geheime Text.

Das ist Gegenwart. Noch immer lebt man in den Gehöften wie vor fünfundzwanzig ► Jahren. Über der Wandmalerei hängt ein Flechtwerk zum Filtern des Hirsebiers.

Im Bergdorf Bimlerou

Nun wäre von unserm zweiten Aufenthalt in Bimlerou zu berichten. Wieder hatten uns nach einem steilen und für mich wegen der unausgeheilten Quetschungen eher mühsamen Aufstieg die russigen Denajos, die Kobolde und Spassmacher, mit ihrem frechen Getue empfangen. Buba, der Sanitäter, war als Dolmetscher mitgekommen, gleichzeitig sollte er sich um die Kranken im Dorf kümmern. Kello besorgte die Küche, eine bedeutend einfachere Küche als diejenige Minjems, und er fand sicher, wir müssten sehr arme Leute sein, dass wir uns bei jeder Mahlzeit mit einem Gang begnügten. Alabirra war wieder verantwortlich für unsere sieben Träger, aber es spielte sich doch alles in viel bescheidenerem Rahmen ab als auf der Unternehmung mit dem Commandant Relly.

Wir wohnten in einer eher baufälligen, rechteckigen Hütte aus Strohmatten neben Voksis, des Chefs, Gehöft, und da einige Bäume willkommenen Schatten spendeten und das Gehütt am Rand des Dorfplatzes stand, fühlten wir uns ganz wohl. Selten blieben wir allein. Die Leute, an Besucher kaum gewöhnt, sassen auf Felsbrocken und beobachteten uns. Sie schauten interessiert zu, wenn ich am Abend meine Tagebuchnotizen in die kleine Schreibmaschine klapperte, wenn Franz zeichnete, wenn wir etwas zu basteln oder zu flicken hatten. Sie schwiegen meistens, manchmal lag Staunen in ihren Augen; es konnte sein, dass sie miteinander flüsterten beim Betrachten meiner Schuhe oder des Taschenmessers. Die im Tonbandgerät «aufbewahrten Stimmen» versetzten sie in Schrecken. Manchmal aber lachten sie laut und von Herzen über unser Tun, und wir begriffen gar nicht immer, was sie nun so lächerlich fanden. Heiterkeit erregte immer der Gebrauch des

Voksi, der Dorfchef von Bimlerou. Ein Bild aus dem Jahr 1955; man vergleiche es mit seinem Altersporträt, das nun den Schutzumschlag dieses Buches ziert.

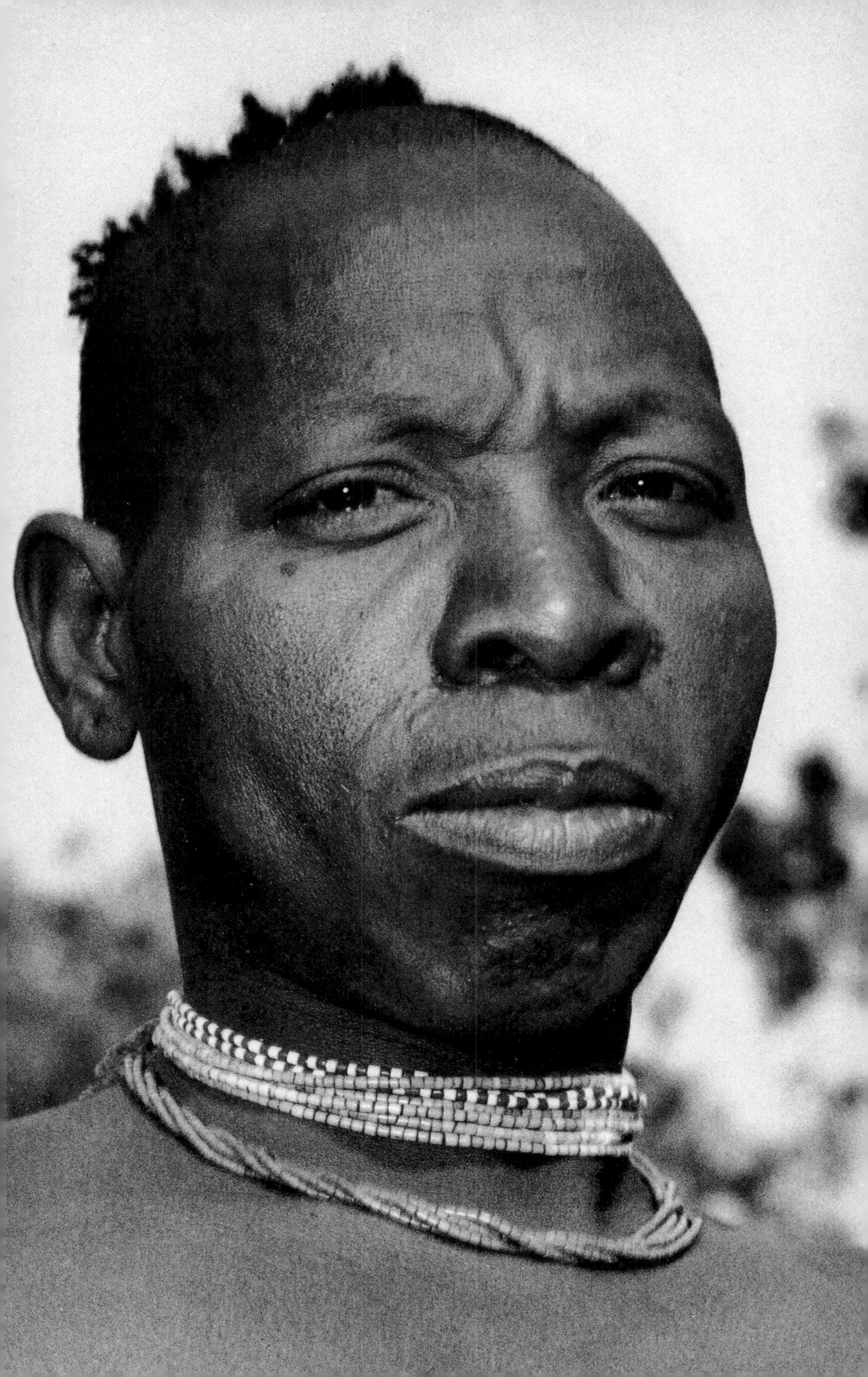

Taschentuches. Dass man das, was man aus der Nase schneuzt, sorgfältig in einem Tuch aufbewahrt, mussten sie ja komisch finden.
In der Abendkühle fanden sich jeweils ein paar Mädchen und auch junge Mütter mit Rückenkindern zum Tanz auf dem kleinen Platz ein. Die beiden Zauberlehrlinge Kodiba und Gemadi schlugen ihnen auf den Trommeln den Takt dazu. Während eines einfachen Rundtanzes sangen die Mädchen jeweils auch ein Liedchen, sicher nicht mit auswendig gelernten Texten. Sie erzählten vielleicht, was sie Ergötzliches bei uns gesehen, was sie über Tag erlebt hatten, oder schilderten, was sie gerade bewegte. Tanz gehörte zu ihrem Leben wie der scharfe

Da tanzen ein paar Mädchen zu den Rhythmen einer Trommel, ohne Anlass, einfach weil sie fröhlich sind, und manchmal tun sie es bis zur Erschöpfung.

Pfeffer zur Sauce. Man tanzt vor Glück, aber auch wenn man traurig ist. Man tanzt, um sich Geschichten zu erzählen, und vergisst dabei Zeit und Ewigkeit. Und manchmal tanzt man bis zur Erschöpfung.
In Bimlerou stampften die Mädchen jeweils voll heiterer Ausgelassenheit auf die Erde und liessen ihre eisernen Rasseln an den Fussgelenken tönen. Manchmal auch packte ein übermütiger Bursche eines der Mädchen, setzte es als Reiterin auf seine Schultern und reihte sich bei den Tänzerinnen ein. Das war neu für mich. Und neu war für die Tänzerinnen der Berner Marsch, den ihnen Franz vortrommelte. Das «Träm, Träm, Träderidi» brachte sie aber aus dem Takt.
Schön war es, dazusitzen, zuzusehen und auch zuzuhören. Schön war es, dem Milan nachzublicken, der im letzten Abendsonnenschein über den Bäumen segelte. Ziegen leckten dort die Erde, wo wir nachmittags allen Haushaltungen Salz verschenkt hatten. An der einsamen Rônierpalme schepperte lärmig ein hartes, dürres Fächerblatt an den Stamm. Drüben bei Kello schmorte seit einer Stunde das zähe Huhn. Tauben gurrten oder riefen «Barbara, Barbara, Barbara», geheimnisvolle Vögel flöteten mit tiefer Stimme, und ein schwarzer Schildrabe schrie heiser auf einem Boptiko-Baum.
Nach Sonnenuntergang sperrten Buben die Ziegen ein, und die Menschen verschwanden in ihren Hütten. Dort hockten sie am Feuer, denn sobald die Nacht anbrach, kroch die Kälte über die Berge. Auch wir machten Feierabend und lagen meistens noch vor neun Uhr im Schlafsack auf unsern unbequemen Feldbetten. Nichts hätte einem Dieb oder Räuber, einem Krieger oder dem Panther den Eingang in unsere türlose Strohhütte verwehrt. Wir waren wie immer auf allen meinen Reisen waffenlos. Aber wir fanden den Gedanken unmöglich, dass uns in diesem friedlichen Dorf etwas zustossen könnte. Offenbar lebten wir in einem Land ohne Diebe. Keines der Gehöfte besass eine verschliessbare Türe, und unsere Kisten hatten keine Schlösser. Jeder wusste, wo ich die Säcklein mit den Geldnoten und den Nickelmünzen aufbewahrte. Ich holte jeweils das Geld vor aller Augen aus einer Blechkiste, wenn ich Hühner und Eier oder Sammlungsgegenstände bezahlte. Es war auch kaum möglich, etwas zu verlieren. Stellte ich irgendwo eine leere Flasche hin – in der Meinung, jemand werde schon Verwendung dafür finden –, brachte man sie uns sicher als Fundgegenstand zurück. Mit Bitternis dachte ich oft daran, dass die Zivilisation den Koma nicht nur Gutes bringen wird, sondern gewiss auch die Begehrlichkeit und die ganz gewöhnliche Unehrlichkeit.

Lauter Leute aus dem Dörfchen Bimlerou, gescheit und voll Unternehmungslust.

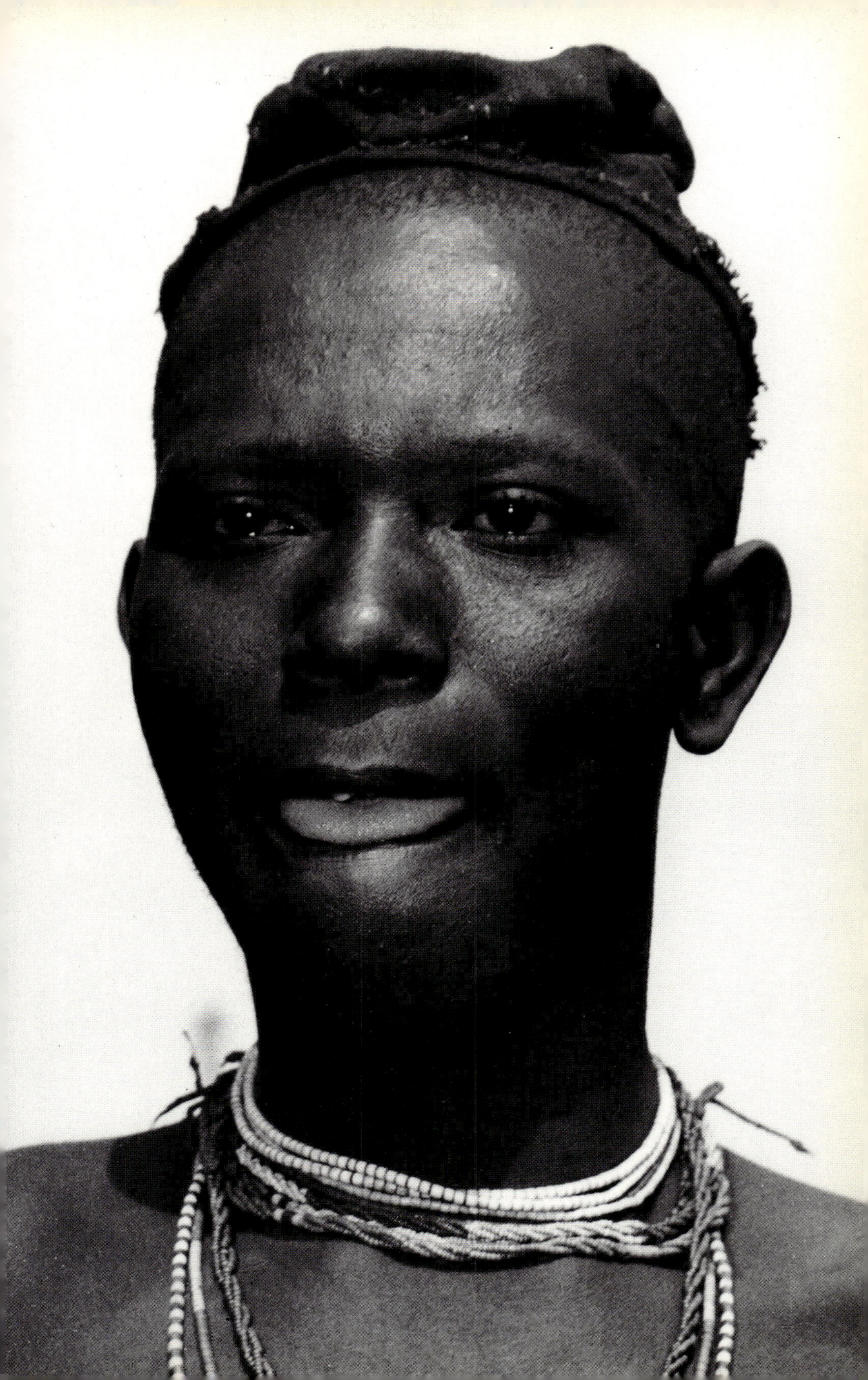

In der Sprache der Fulbe benennt man also die Bewohner der Alantika mit dem Wort Koma. Dem Sinn nach bedeutet es etwa «zurückgebliebene Heiden». Sie selber nennen sich Gomda, manchmal tönte es in unsern Ohren auch wie Gomdscha. Zu unterscheiden sind drei Wohngebiete. Die im Nordosten der Berge sind die Gomda Funangé, die im Südwesten die Gomda Hirnangé, und im Zentrum, zu denen die Bewohner von Bimlerou zu rechnen sind, heissen sie Gomda Zaka. Über ihre Sprache weiss ich nichts. Da es über die Koma immer noch (1981!) keinerlei wissenschaftliche Literatur gibt, fehlen auch linguistische Arbeiten. Aber es ist anzunehmen, dass das Koma den zahllosen

So tragen die Frauen ihre Kleinkinder am Rücken. Verschiedene Einrichtungen, wie dieser Lederdeckel der Koma, sollen das Tragen erleichtern.

Manchmal schien es, als sei man unter lauter Nichtstuern. Aber da täuscht man sich. Einen andern Arbeitsrhythmus zu haben als wir bedeutet noch nicht Faulheit.

Sprachen und Dialekten der animistischen Völker Nordkameruns ähnlich ist. Die Zahlen beruhen auf einem Fünfersystem, entsprechend den fünf Fingern einer Hand.

Die Koma sind nicht besonders grossgewachsene Menschen. Seinerzeit massen wir einige. Einer, den wir den Jäger nannten, fiel uns neben den andern auch durch seine Grösse auf, aber er mass nur hundertzweiundsiebzig Zentimeter. Eine Frau mit hundertfünfzig Zentimetern Körperlänge empfanden wir im Vergleich zu den andern gar nicht als kleinwüchsig. Ich glaube, mit unserer Schätzung einer durchschnittlichen Grösse von knapp hundertsechzig Zentimetern liegen wir nicht weit daneben.

Die Koma sind zu einem grossen Teil noch nicht islamisiert, geschweige denn, dass sie Christen geworden wären. Das hängt mit ihrer Lebensweise zusammen. Sie verlassen ihr Wohngebiet kaum einmal, besuchen nur die nächsten Märkte und reisen ungern. Sie sind für fremde Einflüsse wenig anfällig, und da sie sich immer noch weitgehend selber zu ernähren wissen, brauchen sie die andern kaum. Allerdings hatte schon vor 1955 eine Abwanderung talwärts begonnen, die später durch behördlichen Druck verstärkt wurde. Aber seither sind auch wieder Familien zurückgekehrt. Für Neugründungen am Fuss der Berge hat man oft den Namen des Dorfes gewählt, aus dem man stammte. So gibt es also Bimlerou-Do, das obere Bimlerou, und Bimlerou-Les, das untere. Es liegt fast tausend Meter tiefer, am Rand eines breitgefächerten Schuttkegels zwischen Berg und Fluss. Zahlreich ist dieses Volk der Koma wohl nie gewesen. Mir stehen die Resultate einer Volkszählung von Anfang 1958 zur Verfügung. Damals kam Relly im Canton de Wangai auf 5314 Einwohner. Davon hat man 333 Fulbe abzuzählen, die vor allem in Wangai Dorf und im Grenzort Kobi wohnten. Ferner noch etwa 200 Tschamba, die in den Statistiken wie die Koma als «Payens» – Heiden – aufgeführt werden. Demnach hätte Relly damals nicht einmal fünftausend Koma gezählt; es ist anzunehmen, dass etwa die Hälfte davon am Fuss der Berge wohnte. Daraus wäre zu schliessen, dass die Alantika sehr dünn besiedelt waren.

Diese Zahlen darf man allerdings nicht zu ernst nehmen, sie stimmen nicht. Sie sind aus allerlei Gründen zu niedrig. Wenn man weiss, welche Schwierigkeiten man bei uns zu überwinden hat, um bei Volkszählungen Ungenauigkeiten auszumerzen, darf man genaue Resultate für Nordkamerun nicht erwarten. Ich habe seinerzeit in den Mandarabergen Volkszählungen beigewohnt. Wie damals Maria und Josef wurden die Menschen zur Zählung an bestimmte Orte aufgeboten. Wer an diesem Tag krank war oder sich aus irgendwelchen Gründen drückte, wurde nur erfasst, wenn die Anwesenden nach geduldigem Bohren und Fragen des Commandant mit den Namen der Fehlenden herausrückten. Einige Jahrgänge der Buben, weniger der Mädchen, schienen gar nicht zu existieren. Es waren die Schulpflichtigen, die man verleugnete, weil man sich mit Schulzwang nicht befreunden konnte. Man hielt sie in den Bergen versteckt, bis die Zählerei und damit die Gefahr vorbei war. Das war in den Alantika nicht anders. Der Vorgänger Rellys hatte im Canton de Wangai nur 4581 Einwohner gezählt, Relly brachte es fünf Jahre später auf 5314. Daraus ist nicht unbedingt eine Zunahme der Bevölkerung abzuleiten. Vielleicht ist bloss die zweite Zählung etwas geschickter und gewissenhafter durchgeführt worden.

Grosse Einwohnerzahlen fand ich kaum in den Rapporten von 1958: Bakiba 47, Batou 46, Kengelou 51, Guimrou 91, Mayilba 63 und Bimba 108. Bimlerou hatte etwa gleichviel Bewohner wie Bimba. Gegenwärtig sind es sicher überall leider noch weniger. Bei einzelnen Namen findet man in den verschiedenen Rubriken der Listen noch zusätzliche Bemerkungen: blind, alt, invalid, Kind. Das bedeutet für die Betreffenden Steuerfreiheit. Kräftige Buben, die arbeiten konnten, wurden steuerpflichtig, die andern trug man unter «Kinder» ein.

Woher dieses kleine Volk der Koma stammt, weiss man nicht. Vielleicht handelt es sich um eine autochthone Bevölkerung, vielleicht sind sie vor einigen Jahrhunderten aus dem Osten eingewandert. Sicher ist wohl, dass sie vor der Invasion der Fulbe – etwa Anfang des achtzehnten Jahrhunderts – schon in den Alantika lebten.
Mit Berechtigung darf man die Koma zu den zahlreichen grösseren und kleineren Volksgruppen rechnen, die man unter dem Begriff «Kirdi» zusammenfasst. Man bezeichnet damit all die animistischen Stämme der heissen Landstriche südlich des Tschadsees zwischen dem Logone und den Mandarabergen, ferner diejenigen südlich des Benué-Stromes

Über den Innenhöfen errichtet man ein Schattendach. Links der Eingang zur Küche, in der Mitte ist ein verschlossener Ziegenstall, und rechts steht ein Speicher.

gegen das Adamaua-Plateau hin und die Bewohner der Alantika-Berge. Es sind sesshafte Pflanzer, Viehzüchter, Fischer und Bergler, bewohnen also die Berge, aber auch die gewaltigen Schwemmlandebenen, die der einst riesige Tschadsee hinterlassen hat. Stets sind sie von den mohammedanischen Fulbe, die als Eroberer eingedrungen sind, bedroht und oft geknechtet worden. Die Kirdi sind im Parlament und in den Behörden untervertreten, und sie müssen sich gegenüber der Herrenrasse der Fulbe oft für ihre Rechte wehren, die ihnen nun die Verfassung seit 1960 verspricht.

«Kirdi», das sich so leicht einprägt und schmeichelnd im Ohr liegt, ist ein Schimpfwort, mit dem die Mohammedaner die einst so scheuen Heidenstämme bezeichneten. Es enthält nicht nur den Sinn von «Volk ohne Glauben», sondern auch das, was wir in unserm Sprachgebrauch unter «Hinterwäldler» verstehen. Nun, in unserer Zeit ist man nicht mehr immer ganz sicher, ob man einen Menschen, den man Hinterwäldler nennt, beschimpft oder beneidet.

Über die Sippe hinaus anerkannten die Koma keine höhere Autorität, es gab nie einen Chef, der mehrere Dörfer oder gar den ganzen Stamm geleitet oder beherrscht hätte. Sie sind gegenwärtig dem Chef de canton von Wangai unterstellt, das war bisher nie ein Koma, sondern ein Fulbe oder ein Mann aus Bornu, jedenfalls ein Mohammedaner. Er setzt als Verbindungsleute und Steuereinzieher wohl Koma ein, aber das hat nur mit politischer Macht zu tun, nichts mit den eigenen Gesetzen der Koma.

Voksi war der von allen anerkannte Chef der Bewohner Bimlerous, einer Sippe, die zusammengehörte, stets beieinander war und kaum Zuwanderer aus andern Dörfern kannte. Wohl war auch für den gescheiten und energischen Voksi der Rat der Alten wichtig. Er wich langen Palavern mit ihnen nicht aus, traf vermutlich nur selten wichtige Entscheide gegen deren Willen. Aber er blieb doch der Chef! Wir haben ihn erlebt, wie er wegen eines Ärgers mit Ochsen, die von den Buben offenbar schlecht gehütet worden waren, tobte und brüllte. Jedermann verkroch sich und vermied, ihm zu begegnen.

Sein Blick wirkte forsch und streng und doch nicht unfreundlich. Uns gegenüber war er nicht ablehnend, auch niemals unterwürfig. Eng um den Hals geschlossen trug der bärenstarke Mann stets ein Kollier aus mehreren Glasperlenketten. Wenn er lachte, zeigte er seine breiten Schaufelzähne. Später habe er sie beim Kampf mit einem Panther verloren, erzählte man uns. Das Tier habe ihn so zugerichtet, dass man

Wie die meisten Bergler Nordkameruns sind auch die Koma nicht grossgewachsen und eher von gedrungener Gestalt.

ihn nach Poli ins Spital habe bringen müssen. Nun lacht er aus einem zahnlosen Mund (ein gutgelaunter Voksi ziert den Schutzumschlag dieses Buches), und zurückgeblieben ist von jenem Abenteuer auch noch ein etwas hinkender Gang.

Unsere Tage in Bimlerou waren mit Arbeit wohl angefüllt, und wir nahmen Anteil am werktätigen Leben der Menschen. Wir sahen den Frauen beim Töpfern zu und erfuhren, wie sie aus der Asche verbrannter Sumpfpflanzen und Hirsestengel eine graue Seife herstellten und aus andern Gewächsen Salz für ihre Küche kochten. Sie mahlten auch wie andere Kirdifrauen mit dem Rollstein in Schabmulden die harten Hirsekörner zu Mehl.

Die Männer waren tüchtige Bauleute, die alles, was die Natur ihnen bot, zu nutzen wussten. Sie, die kaum bis zwanzig zählen konnten, waren wohl imstande, beim Bau eines Sparrendaches den Grundkreis zu vierteln und dann zu achteln. Sie zopften lange Grashalme zu soliden Seilen, pflückten von wildwachsenden Sträuchern Baumwolle, spannen sie zu Garn, das sie mit Pflanzen färbten, und wie die Doayo stellten sie auf dem selten gewordenen horizontalen Webstuhl breite Bänder her.

Sinnvoll und verblüffend einfach waren die Techniken, die sie bei all ihrem Tun anwendeten, ihnen brauchte man noch nicht als gutmeinender Ratgeber etwas von «angewandter Technologie» zu erzählen. Wohl gab es Spezialisten unter ihnen, den Schmied zum Beispiel, der auch die Totenkulte leitete, und den Zauberer und Heilkundigen. Einer war als Weber vielleicht geschickter als ein jüngerer Bursche, dem man zur Hand ging. Aber die Regel stimmte, dass jeder alle Fertigkeiten beherrschte, die er brauchte; ein vielseitiges Wissen erlaubte ihm, innerhalb seiner Sippe unabhängig von andern zu leben. Zwischen dem, was die Männer verrichteten und die Frauen zu tun hatten, gab es allerdings eine ziemlich genaue Arbeitsteilung ohne wesentliche Überschneidungen.

1955 trafen wir in Bimlerou noch Menschen, die den Zucker nicht kannten und Bleistift und Papier zum ersten Male begegneten. Damals schlugen die Pfeifenraucher das Feuer noch mit Silex, Stahl und Zunder, Tuch war für die Bekleidung der Frauen nicht üblich, und so wunderte es kaum, dass gar manches, was bei uns in selbstverständlichem Gebrauch war, manchmal Heiterkeit, aber meistens Staunen erregte. Zur Kurzweil führten wir Europäer den Kindern der Wildnis allerlei Dinge vor, die sie gar nicht kannten: Feuerzeug und Taschenlampe, den Feldstecher und die Schere, Knopf und Knopfloch und den Reissverschluss, die Lederschuhe und die Stoffe an unsern Kleidern, die sie immer wieder befühlten. Und gleichzeitig war uns wohl bewusst, die wir da mit all diesen Dingen blufften, dass wir gar nicht

Voksi, der Chef, beim Weben. Auch die Koma kennen noch diese alte Form des horizontalen Webstuhls, der bereits in einem früheren Kapitel beschrieben wurde.

imstande gewesen wären, etwas davon herzustellen. Weder konnten wir ja Leder gerben noch das Tuch zu einem Paar Hosen weben, wir hatten weder meine Schreibmaschine noch die Kameras fabriziert, und ohne Zündhölzer wären wir nicht imstande gewesen, ein Feuer anzuzünden.

Buba, der als Sanitäter wenig zu tun fand, war ein kluger und geduldiger Übersetzer, und Voksi gab bereitwillig Auskunft. In den Gehöften, die wir natürlich nur betraten, wenn der Hausherr daheim und einverstanden war, fanden wir immer wieder Dinge, nach deren Bedeutung wir fragen mussten. Im grossen Brauhaus Voksis hingen über den riesigen Tontöpfen neben Sanduhrtrommeln verstaubte und mit Spinnweben überzogene Ochsenschädel. Da war zu erfahren, das jedesmal, wenn ein Mann heiratet, ein Ochse geopfert wird, dessen Schädel dann einen Platz in seinem Yaré, dem Brauhaus, findet. Dort entsteht das Bil-Bil, das Hirsebier. Es schmeckt etwas säuerlich, gleicht in der Farbe kaltem Milchkaffee. Die trübe Brühe zu trinken ist so übel nicht, Hirsebier löscht wirklich den Durst, und wenn man genug davon geniesst, wird man auch beschwipst, obschon der Alkoholgehalt geringer ist als in unserm Bier. Es hat einen gewissen Nährwert, und Greise, die kaum mehr essen mögen, stillen ihren Hunger damit. Bier braut man bei allerlei festlichen Gelegenheiten. Wer möchte es den Leuten nicht gönnen, die ausser unfiltriertem Wasser aus einem Bach oder Tümpel kein anderes Getränk kennen?

Beim Durchstöbern meiner damaligen Tagebuchblätter finde ich eine Fülle von Beobachtungen und Notizen, Resultate endloser Fragestunden. Da ist die Rede von einem unsinnigen Brauch, der immer noch nicht verschwunden ist: Es fiel uns sofort auf, dass den verheirateten Frauen stets die beiden oberen Schneidezähne fehlten. Sie waren ihnen ausgerissen worden, weil man der Meinung war, dass sie ohne diese so hässliche Zahnlücke nicht imstande gewesen wären, Kinder zu gebären. Als ich nun kürzlich wieder bei Voksi wohnte, diesmal nun in Bimlerou-Les, also im unteren Dorf, störte mich wiederum diese Unsitte. Einige der Frauen und auch halbwüchsige Mädchen der Nachbargehöfte lachten einen wieder und immer noch mit einem Zahnlückenmund an.

Die Bewohner der Alantika nennen sich, wie erwähnt, nicht Koma, sondern Gomda. Das soll dem Sinn nach bedeuten: «Die Leute, denen zuerst die oberen Zähne erscheinen.» Ebenfalls bereits erwähnt habe ich, dass zu einem Bergdorf sehr oft auch ein später gegründetes Dorf im Tal gehört mit verwandschaftlichen Beziehungen zueinander, manchmal tragen beide Orte den gleichen Namen. Wenn nun im Taldorf einem Säugling zuerst die unteren Zähne wuchsen, war alles in Ordnung, er wurde unten aufgezogen. Aber es bedeutete Unglück für Eltern und Gehöft, wenn das «Talkind» zuerst die oberen Zähnchen bekam. In diesem Fall wurde das Kind sofort weggegeben, und man suchte ihm im verwandten Bergdorf eine Pflegemutter. Besuchten der herangewachsene Knabe oder das Mädchen gelegentlich ihre wirklichen Eltern im Tal, durften sie deren Gehöft nicht betreten. Man traf sich davor. Ob einem in den Bergen geborenen Kind zuerst die oberen

Eine Bierbrauerei hat auch kultische Bedeutung. Neben der Sanduhrtrommel hängen über den grossen Töpfen die Schädel geopferter Tiere.

Die grossen Vorratsspeicher sind nur bei abgehobenem Dach von oben zugänglich. Sie enthalten verschiedene Kammern für Hirse, Nüsschen oder Bohnen

oder die unteren Milchzähne wuchsen, war gleichgültig. Wie solche Bräuche einmal entstanden sind, weiss niemand vernünftig zu begründen.
Beim Betrachten der Fotos sind dem Leser sicher längst die roten Lehmwürstchen in den Haaren der Mädchen und Frauen aufgefallen (siehe Bild Seite 208). Wir gewöhnten uns daran und fanden es hübsch. Mit dem gleichen Rot waren oft ihre Körper eingeölt. Manchmal, wenn die Ehemänner am frühen Morgen vor ihren Gehöften auftauchten, schimmerte das gleiche Rostrot auch auf ihren Gliedern, aber das wischten sie sich dann möglichst bald weg. Wenn eine Frau nicht rot geölt war und keine Lehmwürstchen-Frisur trug, sondern ihr kurz geschnittenes Haar mit Russ geschwärzt hatte, wussten wir, dass ihr kürzlich der Mann oder ein Kind gestorben war. Ein Symbol für Trauer.

Am Rand der meisten Komadörfer lag, ein wenig versteckt, der Kräutergarten des örtlichen Zauberers, der auch die Rolle eines Heilers spielt. Das war auch der Fall in Bimlerou. Der kleine Garten war mit hohen, undurchsichtigen Matten vor den Blicken der Frauen geschützt. Darin wuchsen eine Reihe verschiedener Pflanzen, die man gegen allerlei Gebresten zu Säften braute oder auf Wunden legte. Man müsste einmal einen Botaniker finden, der die in solchen «botanischen Gärten» angepflanzten Gewächse auf ihre Eigenschaften untersucht. Ich bin überzeugt, dass diese Zauberer mit ihren Mitteln allerlei erreichen, und mir behagte sehr, dass ich kürzlich in einem Aufsatz eines Basler Tropenarztes, der einige Jahre in Neuguinea verbracht hatte, die Empfehlung las, die Schulmedizin sollte sich etwas mehr um das Wissen der Heilkundigen bei Naturvölkern kümmern, denn bei ihnen wäre wohl auch allerlei zu lernen.
Die alten Zauberer sind aus dem Leben der Dorfgemeinschaften kaum wegzudenken. Es sind erfahrene, oft faszinierende Persönlichkeiten. Eine ihrer wichtigsten Aufgaben ist die Unterweisung der Buben. Das geschieht während mehrerer Monate an einem abgelegenen Ort. Am Ende dieser Einweihung folgt dann die Beschneidung, und nur er, der Zauberer, hat das Recht, «das Messer zu schwingen», und nur ihm ist die Zusammensetzung eines aus Pflanzen gewonnenen Pulvers be-

Selbstverständlich lebt man auch in den Alantika nicht im Paradies. Gebresten plagen vor allem die Alten, die aber ihr Schicksal gelassen annehmen und ertragen.

kannt, das zum Blutstillen dient. Diese Beschneidungszeremonien sind noch immer grausame und blutige Angelegenheiten, die oft Opfer fordern und nicht auszurotten sind. Nach der Beschneidung ist der Jüngling volljährig und im Kreis der Männer aufgenommen, und in Bimlerou erzählte man uns, jetzt zeige man ihm das einzige Mal im Leben den in einer Hütte versteckten und ständig bewachten Dorffetisch. Bei dieser Gelegenheit haben die «Konfirmanden» Ziegen zu spenden, die geopfert und natürlich bei einem Bierfest gegessen werden.

Der Zauberer leitet auch die Zeremonien des Bierbrauens. Die geweisselten faustgrossen Steinkugeln, die bei den Kultplätzen und in den Brauhäusern herumliegen, verwendet man zum Zerreiben der Hirsekörner fürs Bier.

Er kocht, wie erwähnt, aus Pflanzen heilkräftige Getränke und lässt sich dafür mit Hirse oder Fleisch entschädigen.

Die Koma sind überzeugt, einige der «Hexer» seien auch imstande, Regen zu erzeugen. Einer der grossen Regenmacher hiess Balaru. In

Die erfreuliche Tatsache, dass auch in den obersten Tälchen während der Trockenzeit noch Wasser gefunden wird, erklärt, warum diese Berge bewohnbar sind.

der Trockenzeit allerdings liess er sich nicht dazu bewegen, uns seine Kunst vorzuführen. Immerhin haben wir die entsprechende Opferstelle gesehen: Dort waren an der Innenwand eines seiner Häuser auf einer kleinen Galerie vor gemalten seltsamen Figuren Farnkräuter eingesteckt, die er jeweils mit Wasser begiesst, um den Regen herbeizuzaubern. Ich nehme an, dass er, als guter Naturbeobachter, aufmerksam in die Wolken schaut, bevor er – gegen Bezahlung natürlich – das Wagnis eingeht, Regen zu prophezeien.

Die Zauberer sind auch die Hüter der dumpf und schauerlich klingenden Hörner aus grossen Flaschenkürbissen, die nur bei den Totenkulten ertönen. Bei allen «Übergängen», nach der Geburt, bei den Hochzeitszeremonien und den Totenfeiern, spielen sie eine überragende Rolle, und es geschieht kaum etwas, ohne dass man des Zauberers Orakel befragt, ob der Zeitpunkt günstig sei. Allgegenwärtig waren Dinge, die mit den Kulten zusammenhingen: Schädel geopferter Ochsen und Ziegen hingen nicht nur in Brauereien, sondern auch an andern Hauswänden. Zum Fleischgenuss kam man offenbar nur, wenn man gleichzeitig der Geister und Ahnen gedachte, denen man das Blut opferte. Am Rand eines kleinen Kultplatzes trug ein kleiner Baum statt der Früchte lauter Ziegen- und Damanschädel (Daman = der Klippschliefer). Manchmal steckten in Hausmauern auch einzelne Unterkiefer geopferter Tiere. Diese Hingabe, dieser Glaube ohne jeden Zweifel an die Notwendigkeit der Opfer, die Schutz bringen sollen vor Unbill und Krankheit, empfand ich immer rührend und aufregend zugleich. Menschen, die derart in einer Naturverbundenheit leben wie diese Koma, sind immer fromm und allem Übersinnlichen zugetan.

Am Rand des Dorfes standen, unter leicht überhängenden Felsen versteckt, leere Krüge, in denen Seelen wohnten. Ihnen, die hier eine Heimstätte gefunden hatten, wurden auch Opfer gebracht, denn Ahnen durften weder vernachlässigt noch gar vergessen werden. Über einen Schädelkult wie bei den Doayo vernahm ich dagegen nichts; weder im Tagebuch noch im Fotoarchiv finde ich einen entsprechenden Hinweis.

An Wegrändern, manchmal auf kaum zu erkletternden Felsblöcken, waren Garben aus langen Grashalmen kegelförmig aufgestellt, unten meist mit einem Steinkranz beschwert und im oberen Drittel zusammengebunden. Die herausragenden Halme hatte man zu drei bis fünf Armen geflochten, die nach verschiedenen Richtungen zeigten. Diese

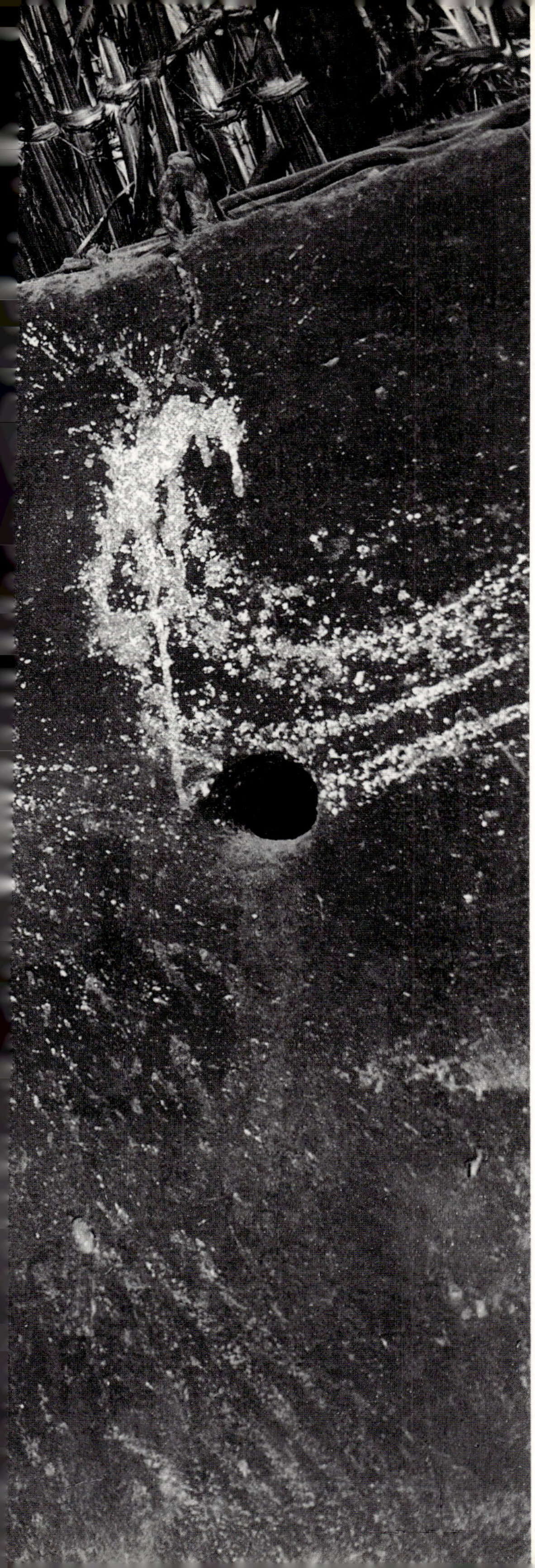

Besonders in den Brauhäusern sind die Wände mit seltsamen, schwer deutbaren Reliefs geschmückt. Hier eine Frauenfigur als Fruchtbarkeitssymbol über irgendeinem Gebilde. Überall sind Spuren von Hirsebieropfern.

Strohfiguren standen auch am Rand der Äcker als Schutz gegen Missernte und gefrässige Vögel (siehe Bild Seite 287). Über Äcker gespannte Seile dienten dem gleichen Zweck.
Auf Pfaden, die zu Gehöften führten, waren manchmal bestimmte Kräuter hingelegt, die mit kantigen, mit Hühner-Opferblut beschmierten Steinen beschwert waren. Diese Opfer sollten Krankheitsgeister vom Haus fernhalten.
Die symbolträchtigen Malereien und Reliefs an russigen Innenwänden und auch an Aussenseiten waren schwer zu deuten. Frauenfiguren, Frauen mit Fledermausflügeln, Frauen mit wohl ausgebildeten Brüsten über irgendeinem drachenähnlichen Getier brachten wir in Zusammenhang mit der Fruchtbarkeit. Menschen- und Tierköpfe waren zu entdecken. Die Schlange, der Skorpion, die Eidechse und die Krabbe fehlten nicht.
Eigentlich war es recht verwunderlich, dass wir all diese mystischen Darstellungen fotografieren durften. Zeichen von Missbilligung erlebten wir nicht, im Gegenteil, man holte uns in die Häuser und zeigte uns Zeichnungen und Reliefs. Es bewies mir auch, dass unsere Anwesenheit die Dorfleute wirklich nicht störte.
Eines Tages gerieten Voksi und ein paar Alte unsertwegen doch in grosse Aufregung. Der wichtigste Kultplatz Bimlerous lag auf einem kleinen Hügel oberhalb des Dorfes. Dort stand auch eine kleine, recht schäbige Hütte, die ständig bewacht wurde. Darin seien Heiligtümer aufbewahrt, erfuhren wir. Da man von diesem Hügel aus einen wundervollen Blick übers Bergland genoss, pilgerten wir ab und zu dort hinauf.
Als wir wieder einmal einen Abendspaziergang zum Aussichtsplatz unternahmen, winkte uns der Fetischwächter zu sich, und wir begriffen bald, dass er uns etwas zeigen wollte. Auf allen vieren kroch er mit geheimnisvollem Getue näher zur strohbedeckten Hütte und warf dazu ständig Erde über die Schultern auf seinen Rücken und streute Sand in die Haare. Das ist ein altes Symbol des Sich-Unterwerfens. Was uns der ungetreue Wächter mit flüsternder Stimme und voller Ängstlichkeit erzählte, verstanden wir nicht, und Buba war nicht da zum Übersetzen. Vielleicht hätte er das kommende Unheil vermeiden können. Nun schob der Mann die Strohmatte vom Eingang, guckte

Von diesen Wandreliefs, manchmal auch an Aussenseiten, erwartet man magische Schutzwirkungen. Hier Frauenfigur und Krokodil (oder Eidechse).

rasch in die Hütte und verschloss, anscheinend oder bloss scheinbar, voller Schrecken wieder den Eingang. Er wiederholte den Vorgang, winkte uns eindringlich, näher zu kommen. Dann durften wir, selbstverständlich sehr neugierig geworden, auch hineinsehen, entdeckten aber in der Dunkelheit des Raumes nichts.

Ohne eine Andeutung unsererseits, dass wir das wünschten, holte er – immer auf allen vieren und die Zeremonie des Sich-Unterwerfens wiederholend – zwei geweisselte Krüge heraus. Einer hatte einen zweifach geknickten Hals, der andere war mit einer kleinen Tierfigur geschmückt. Das war alles! Da ich fast immer, wenn ich bummeln ging,

Auf einem Hügel, etwas über dem Dorf Bimlerou, stand diese kleine Hütte, die einige seltsame Fetischkrüge enthielt. Sie wurde ständig von einem Mann bewacht.

meinen Fotoapparat umgehängt hatte, nahm ich mir gelassen Zeit, diese beiden Objekte – Objekte für uns, Heiligtümer für die andern – nebst dem Wächter aufzunehmen.

Mittlerweile hatten sich in der Ferne ein paar Leute angesammelt, unter ihnen ungeschickterweise auch Frauen, die zu uns heraufstarrten. Nicht nur die Männer, sondern auch die paar Frauen hatten vermutlich die weissen Krüge von ihrem Standort aus gesehen, aber das hätte auf keinen Fall geschehen dürfen. Bald erschien wütend und erregt der alarmierte Voksi mit ein paar Alten. Ich spürte sofort, dass offensichtlich etwas sehr Dummes passiert war; einige Zeit war die Stimmung beim kommenden Palaver bedrohlich, und ich war froh, als Buba uns zu Hilfe kam.

Die Alten behaupteten, wir hätten durch diesen Frevel die Geister und Ahnen sehr erzürnt. Den Frauen, die den Fetisch gesehen hätten, drohe grosses Unheil; es sei zu erwägen, das Dorf aufzugeben. Ich rechnete damit, dass man uns noch am gleichen Abend aus Bimlerou jagen würde. Zu meiner Entschuldigung konnte ich bloss anführen, dass wir den Sünder gar nicht aufgefordert hatten, uns das Heiligtum zu öffnen, geschweige denn die Krüge herauszunehmen. Verwunderlich war, dass während des lauten Durcheinanders niemand daran dachte, wenigstens sofort die Krüge wieder zu versorgen. Die Geschichte endete dank der ruhigen Geschicklichkeit Bubas für uns glücklich. Noch so gerne zeigte ich mich bereit, das verlangte Opfer zu bringen, das heisst natürlich, zu bezahlen. Da wir ja froh waren über das gute Ende, sparten wir nicht. Man brachte den erzürnten Geistern eine Ziege zum Opfer und veranstaltete ihnen zu Ehren und zum Vergnügen aller am nächsten Tag ein grosses Bierfest mit Ziegenfleisch.

In Bimlerou – übrigens auch in allen andern Bergdörfern – waren wir so oft Okkultem, Magischem und Unbegreiflichem begegnet, dass wir bald überall etwas Religiöses vermuteten. Da fiel uns beispielsweise auf, dass einem Pfad entlang das hohe Gras zu Zöpfen geflochten war, zu zahlreichen am Boden angewachsenen Zöpfen, die das Weglein säumten. «Ein Prozessionsweg zum mindesten», orakelte Franz, und auf meine ganz falsch gestellte Frage an Alabirra, ob man von diesen Figuren einen Schutz erwarte, antwortete er höflich und bereitwillig mit einem Ja. Der wirkliche Grund, so stellte sich dann heraus, war bedeutend prosaischer. Wenn die Frauen am Morgen Wasser holten, wurden sie vom taufeuchten Gras nass, deshalb banden sie die langen Halme zusammen...

Niemals sollte man Suggestivfragen stellen, nie darf man in der Form fragen, als ob man eine Bestätigung erwarte, da fällt man leicht herein. Nur *einmal* zu fragen, ergibt auch sehr unsichere Resultate. Manchmal gingen wir an tischhohen, unbehauenen Obelisken vorbei. Irgendeinen Stein hatte man wie eine Stele aufgestellt. Franz brachte als Erklärung, dort sei einmal ein Panther erlegt worden, mir dagegen erzählte einer, mit dem Stein markiere man bloss einen Tanzplatz für die Vollmondnächte.

In Poli fiel mir seinerzeit ein Mann auf, angetan mit einem Röcklein aus Hirsestroh. Ein sehr ungewohnter Anblick! Erklärung dazu des ersten Zeugen: Das Röcklein sei ein Trauerkleid, weil dem Mann die Frau gestorben sei. Und des zweiten: Das sei nichts, der Mann glaube damit eine gute Hirseernte zu erzwingen. Da war ich nun genau im Bilde.

Meine schönste Geschichte, wie ich einmal als «Feldforscher» hereingefallen bin, möchte ich hier erzählen, obschon ich sie nicht in den Alantika erlebte. Ich besuchte ein überaus abgelegenes Nest namens Dschigidé in einem Bergland im Norden Nigerias gegen die Kamerungrenze zu. Noch einige Jahre zuvor war das von unzivilisierten Bauern bewohnte Gebiet für europäische Besucher gesperrt gewesen. Während der Mittagszeit entdeckte ich beim Herumflanieren unter einer leicht nach vorn geneigten Felswand sieben grosse Tonkrüge, die genau senkrecht unter der vordersten Kante in einer Reihe aufgestellt waren. Sieben ist nicht eine gewöhnliche Zahl, und ich war überzeugt, auf einen geheimnisvollen Opferplatz gestossen zu sein, bildete mir sogar ein, noch Spuren eines Hirsebieropfers zu sehen. Eifrig fotografierte ich meine Opferkrüge, mass ihre Höhe und ihren Umfang und vergass nicht, einen Situationsplan zu zeichnen.

Später liess ich mich – ich, der Forscher – doch noch herab, die Dorfleute nach dem Sinn dieser so genau in einer Linie aufgestellten Krüge zu fragen. Die Erklärung war ernüchternd: In der Regenzeit fliesst Wasser über die Felswand hinab, genau in die darunter an der richtigen Stelle stehenden Krüge. So spart man sich einen Gang zum Wasserloch.

In Bimlerou wollte ich eines Tages den Namen einer jungen Frau erfragen, die, rot geölt, mit den drolligen Lehmwürstchen in den Haaren und ihrem frischen, hellgrünen Blätterkleidchen, sehr munter

aussah. Sie begriff gar nichts, als ich mit einer Zeichensprache versuchte, zu ihrem Namen zu kommen. Dann zeigte ich mit dem Zeigefinger auf meine Brust und sagte: «René.» Darauf drückte ich meinen Zeigefinger nicht ohne Vergnügen auf ihre Brust und wartete gespannt. Jetzt hatte sie verstanden. Sie sagte mit lachendem Gesicht: «Uom!» Wenn ich René hiess, dann hiess sie also Uom. Fürwahr, ein kurzer Name, den ich notierte. Ich fragte Buba nach dem Sinn. «Das heisst ‹Milch›», sagte er, «warum? Willst Du Milch?»
Die Koma haben viel Sinn für Humor und Spass. Wie sonst könnte man sich die heitere Einrichtung der Kobolde erklären, deren Scherze jedermann genoss. Kodiba, lebhafter noch als die beiden andern «Zauberlehrlinge» Gemadi und Baiamugo, verhöhnte uns etwa, indem er unser Getue mit Film- und Fotoapparaten nachäffte. Er schaute wichtigtuerisch durch einen Hirsestengel oder durch ein zu einem Trichter gebogenes Blatt, wie er es bei mir gesehen hatte, wenn wir das Auge an den Bildsucher drückten. Nicht einmal die Einrichtung, den Film nachzuziehen, hatte er vergessen.

Kodiba, der Zauberlehrling, bewies sehr viel Sinn für Humor. Hier ist er daran, uns zu verhöhnen, indem er das Getue mit den Film- und Fotoapparaten verulkt.

Der gescheite Bursche hatte wohl bemerkt, dass wir uns für die Hantierungen seines Meisters, des Zauberers, interessierten, wenn dieser zum Beispiel das Orakel befragte. So setzte sich Kodiba eines Abends zu uns, entnahm seinem Säcklein aus dem Fell einer Zibetkatze einige Vogelfederchen, eine auffällige Wurzel und eine Zwiebel, in die er die Federn steckte. Ergänzt wurde diese Sammlung noch durch das Stück eines Euphorbienstrauches, dem man eine magische Wirkung zuschreibt.
Diese Dinge lagen nun vor ihm auf der Erde. Tiefsinnig und mit gerunzelter Stirn betrachtete sie der Bursche, schob sie hin und her, zog eine der Vogelfedern heraus und steckte sie an einer andern Stelle neuerdings in die Zwiebel; dann sass er wieder tief in Gedanken versunken da. Voll Spannung verfolgten wir, die Gutgläubigen, die auf Rätselhaftes Erpichten, was er da trieb. Erst als die andern Zuschauer zu kichern begannen und dann in lautes Lachen ausbrachen, begriffen wir, dass der Schläuling uns mit diesem Ulk zum Narren gehalten hatte.
In Form von Liedchen erzählten sich die jungen Leute gerne lustige Geschichten. Zum Beispiel die von einem langschnäbeligen, etwa dohlengrossen Vogel. Er ruft «Teleko, Teleko, Teleko!» Kurz vor Ausbruch der Regenzeit verschwinde er aus Bimlerou, so übersetzte uns Buba das Lied, und fliege weit weg zu den Fulbe, um Hirse zu kaufen. So prahlt der Tukan. Bald nach der Regenzeit kehrt er natürlich ohne Hirse zurück und jammert, er hätte keine gefunden. Auf diese Weise hat er sich von der schweren Arbeit auf den Feldern gedrückt, will nun aber doch mitessen von dem, was die andern mittlerweile gesät, geerntet und in die Speicher getragen haben.
Manche dieser Lieder, denen alle sehr vergnügt zuhören, sind von einer derben Anzüglichkeit. Der folgende Wechselgesang, wir nannten ihn das Pantalon-Lied, wäre ein Beispiel dafür: Sie und er schäkern miteinander, man stellt sich gegenseitig zudringliche Fragen, dann geht es folgendermassen weiter:
«Ich habe dir etwas zu verkaufen», sagt er. «Was hast du denn zu verkaufen?» fragt sie. «Etwas sehr Schönes», behauptet er. «Wo hast du es?» fragt sie. «Ich habe es versteckt», antwortet er. «Wo hast du es versteckt?» fragt sie jetzt. «In meinen Hosen», lautet die Antwort.

Die jungen Zauberer mit ihrer Nebenrolle als Narren brachten viel Kurzweil. Niemand fürchtete sich vor ihnen. Sie sind fleissige Bauern wie die andern.

Alle, die zuhören, lachen jetzt von Herzen. «Wenn ich es kaufen soll, dann will ich es auch sehen», mault sie. Und so geht das leicht obszöne Liedchen munter weiter, und jedermann weiss natürlich schon längst, was der junge Mann zu verkaufen hat. Besonders weil in den sehr knappen Höschen, welche die Männer trugen, wirklich nichts anderes versteckt sein konnte.

Allmählich bekamen wir Nahrungssorgen, da wir ja auch verantwortlich dafür waren, dass Buba, Kello, der Koch, deren junge Gehilfen und natürlich alle Träger, die wir mitgenommen hatten, genug zu essen bekamen. Die Träger beklagten sich, man bringe schlechte Hirse und viel zu wenig, und es wurde schwierig, Ziegen zu kaufen. Alabirra, der Goumier, hätte über die notwendige Autorität verfügt, aber er war längst mit Relly nach Poli zurückgekehrt. Und unsern Hairu aus Wangai fürchtete niemand. Alles, was wir bezogen, bezahlte ich natürlich, sicher viel besser, als der Commandant Relly es getan hatte, aber Geld lockte die Bauern von Bimlerou nicht sehr.
So wollte ich drei Träger nach Wangai zum Einkaufen schicken, doch das ging nun Voksi wider die Ehre. Möglicherweise fürchtete er auch, dass es Schwierigkeiten mit Haman Jadschi geben könnte, falls ich mich später bei ihm beklagen sollte. So besorgte er für uns Hirse in Nachbardörfern.
Auch für uns zwei Europäer wurden langsam die Lebensmittel knapp. Zucker und Kaffee wurden rationiert, das Reissäcklein war leicht geworden und die Flasche mit dem Arachide-Öl leer. Die Konservenbüchsen waren schnell gezählt; was Brot war, wussten wir bald nicht mehr, und die Zündhölzer gingen zu Ende. Nun, am Verhungern waren wir trotzdem noch nicht. Hühner konnten wir immer kaufen, auch Eier, aber von einem Dutzend waren sieben faul und angebrütet. Wir kochten Yamsknollen, erhielten etwa eine Papaia, und einmal erwischten wir einen Topf mit flüssigem Honig.
Aber es war doch ganz nützlich, wenn auch ungewohnt, einmal zu erleben, dass es gar nicht so selbstverständlich ist, Selbstverständliches immer vorzufinden. Der nächste Ort, wo man vernünftig einkaufen konnte, Garoua, lag ein paar Tagereisen weit weg. Da wir aber die guten Leute von Bimlerou doch nicht allzusehr drängen wollten, ihre Speicher zu leeren, um unsere hungrigen Burschen zu füttern, und weil uns das tägliche Huhn langsam zu langweilen begann, zogen wir dann, einige Tage früher als vorgesehen, talwärts. Kurz nach Sonnenaufgang

Zu den meisten Gehöften gehört auch ein Dreschplatz. Man wählt dazu gerne eine Felsplatte, die man mit einem Mäuerchen aus Steinen und Lehm umgibt.

hatten wir bereits gepackt, und unsere Träger machten sich mit leichten Lasten auf den Weg. Wir aber nahmen uns Zeit, uns umständlich von Voksi zu verabschieden. Damals dachte ich ganz gewiss nicht daran, dass ich den tüchtigen Dorfchef von Bimlerou noch einmal sehen würde. Von diesem Wiedersehen ist im nächsten Kapitel die Rede. Der junge Zauberer Kodiba gab uns noch eine Weile das Geleit, ruhig diesmal und ohne derbe Spässe. Unten in Wangai begannen bald darauf die kurzweiligen Tage des Hochzeitsfestes, von dem vorher die Rede war, und dann war es doch allmählich Zeit, ans andere Ufer des Faro zu kommen und die Heimreise anzutreten.

Wiedersehen mit Voksi

Fünfundzwanzig Jahre später! Wie einst rüstete ich mich wieder in Wangai für einen Aufenthalt in Bimlerou. Aber die Voraussetzungen hatten sich sehr geändert. Freund Relly war seit Jahren tot, auch der so hilfsbereite Haman Jadschi und der getreue Dolmetscher Buba lebten nicht mehr. Diesmal war Franz nicht mehr mitgekommen, mein neuer Begleiter hiess Jürg. Nun, das haben meine Leser bereits in früheren Kapiteln gelesen.

Über Voksi habe ich erfahren, dass er erst vor ein paar Jahren sein Bergnest endgültig verlassen und sich nun im Taldorf Bimlerou-Les angesiedelt hatte. Dort wollte ich ihn besuchen, und ich sah diesem Wiedersehen mit grosser Spannung entgegen. Lebte er immer noch getreu den alten Sitten, opferte er noch als gläubiger Bauer seinen Ahnen, oder hatten ihn gar seine Söhne verlassen, um in Poli oder noch weiter weg ein leichteres Leben zu suchen?

Was wäre eine Reise ohne glückliche Zufälle? In Wangai traf ich einen jungen Koma, der aus Bimlerou stammte. Ein kaum zwanzigjähriger, fröhlich lachender Bursche mit einem komischen breitrandigen, blauen Tuchhut schaute mir beim Fotografieren zu und stellte bald ungeniert in einem gar nicht so üblen Französisch ein paar neugierige Fragen. So ergab es sich, dass wir zu einem guten Gespräch kamen. Der junge Mann mit dem seltsamen Namen Jia war in Wangai zur Schule gegangen und später noch weitere zwei Jahre in Poli. Jetzt hatte er trotz seiner Schulbildung keine Arbeit und wartete auf die Möglichkeit, «de passer un concours» – ein Examen zu bestehen. Wie oft schon hatten mir junge Leute, die in Dörfern und Städten, ohne Anstellung und Arbeit, von der Gnade irgendwelcher «Frères» lebten, berichtet, dass sie hofften, bald einmal ein Examen zu bestehen, um in irgendeiner Funktion beim Staat unterzuschlüpfen. Ob als Zöllner, Polizist, Sanitäter, Lehrer, Veterinärgehilfe oder Wächter in einem Tierreservat, dies

Das ist Jia, ein kurzweiliger Bursche, der uns auf der letzten Reise als Dolmetscher diente. Er ist einer der wenigen aus dem Dorf Bimlerou, die zur Schule gingen.

bestimmte der Zufall eines Examenerfolges. Aber die Zahl der Bewerber ist stets fünf- bis zehnmal so gross wie die der möglichen Plätze in den Ausbildungskursen. «Man muss sehr tüchtig sein oder einen reichen und einflussreichen Vater haben.» Jia erzählte das ganz fröhlich und ohne Bitterkeit. Sein Vater aber, ein armer Koma-Bauer, war seit drei Jahren tot, und seither hatte sich Jia in Wangai bei einem Fulbe als Knechtlein verpflichtet, der ihn mit einem Monatslohn von fünfundzwanzig Franken weidlich ausbeutete. Genau diesen Monatslohn hatte der Bursche jeweils als Anmeldegebühr für einen Examensversuch zu bezahlen. Zwei oder dreimal schon war ihm kein Glück beschieden gewesen, und nun wartete er also mit vielen andern als Nummer XY auf irgendwelchen Listen des Präfekten auf die nächsten Examen. Bestandene Schulschlussprüfungen mit guten Noten, trotzdem nirgends die Möglichkeit, wie es bei uns selbstverständlicher Brauch ist, eine Lehre anzutreten, und sehr geringe Aussichten, beim

Staat einen Posten zu ergattern und dort unterzuschlüpfen: das ist das Schicksal zahlreicher junger Kameruner.

Bei dem Gespräch mit Jia stellte sich heraus, dass er nicht nur aus Bimlerou stammte, sondern der Sohn eines Vertrauten Voksis war und genau wusste, wo nun der alte Chef wohnte. Da waren wir dann bald einig: Jia liess sich verpflichten, mitzukommen, sein Meister machte keine Schwierigkeiten, und so wurde er der Nachfolger Bubas als nützlicher und notwendiger Dolmetscher. Dass er alle Leute in der Umgebung Voksis kannte, war besonders vorteilhaft.

Am nächsten Tag erhielt ich wieder einmal trotz aller Erfahrung auf vielen Reisen eine afrikanische Lektion. Ich hatte Jia zu Voksi geschickt, uns anzumelden und ihn zu bitten, uns am nächsten Tag drei Träger nach Wangai zu schicken. Ich bestellte sie auf den Zeitpunkt des höchsten Sonnenstandes in der Meinung, da sie ja doch eine oder zwei Stunden zu spät kämen, ergäbe das für unsern Abmarsch eine gute Zeit. Aber die drei Burschen, stämmige, kleingewachsene Koma, waren schon vor neun Uhr da. Da wir ja weder gepackt hatten noch willens waren, in der heissen Mittagszeit unterwegs zu sein, wusste ich nichts mit ihnen anzufangen. So schickte ich sie mit Jia weg und befahl, um zwei Uhr auf alle Fälle wieder zurück zu sein. Wir wussten, dass Voksi nun in einer bequemen Nähe wohnte, mehr als zwei Stunden weit hatten wir nicht zu gehen.

Um zwei Uhr war keiner der vier Kerle da, um drei Uhr wartete ich immer noch voller Ungeduld und schickte zwei Buben auf die Suche nach Jia. Ein halbe Stunde später brachten sie ihn, aber er kam ohne die Träger. Ich schimpfte erbost über ihn und die Unzuverlässigkeit der Afrikaner. Ganz ohne Grund nach der Meinung Jias. Es sei doch gar nicht möglich gewesen, früher zu kommen, erklärte er mir umständlich und treuherzig. Gegen Mittag plagten ihn und die drei andern der Hunger. Also ging man zu einem Nachbarn und kaufte dort Hirse. Die harten Körner musste man zuerst «piler», das bedeutet, sie im Mörser vom Spelz befreien. Dann wusch man die Hirse, liess sie an der Sonne trocknen und zerstiess sie im gleichen Mörser zu Mehl; erst jetzt konnte man sie kochen. Nach dem Essen ging Jia ins Dorf, denn Voksi hatte ihm Geld mitgegeben, um eine Flasche Arachide-Öl zu kaufen. Da es in Wangai keinen Kramladen gibt und nicht Markttag war, musste er in verschiedenen Häusern fragen, bis man ihm seine Flasche füllte. Ausserdem hatte er den Auftrag, Voksis erster Frau schwarzen Pfeifentabak heimzubringen.

All das brauchte Zeit, das musste ich doch einsehen! Jia verzog fröhlich lachend seinen breiten Mund fast bis zu den Ohren und zeigte seine wundervollen Zähne, die so stark waren, dass er imstande war, damit verkapselte Bierflaschen zu öffnen. Während seines Berichtes über die Schwierigkeit, pünktlich zu sein, schaute er mich mit den Augen eines unschuldigen jungen Hundes an, so dass ich das Schimpfen und den Ärger vergass.
Nun, etwas nach vier Uhr hatten die Träger ihre Lasten auf ihre Köpfe gesetzt, Jia meine schwere Fototasche umgehängt, und so waren wir dann wegen des verspäteten Aufbruchs mit dem Vorteil unterwegs,

Der grössere Teil des Volkes der Koma lebt nun unten in der Ebene, am Fuss der Berge, jetzt aber eher in offenen Streusiedlungen als in geschlossenen Dörfchen.

dass es bereits kühler geworden war. Wir wanderten im Gänsezug auf einem kurzweiligen Pfad durch eine mit Bäumen und Sträuchern locker garnierte Savannenlandschaft. Nach ersten Aprilregen spross bereits junges Gras an den Wegrändern, und wir gingen auch an einigen bereits bestellten Hirse-Äckerchen vorbei.
Kaum eine halbe Stunde von Wangai entfernt, trafen wir die ersten Komafrauen, die im traditionellen Blätterkleid – eine Überraschung für den Afrikaneuling Jürg –, tief vornübergebeugt, ohne die Knie zu krümmen, mit ihren kurzstieligen Hacken die Erde zum Säen vorbereiteten. Später begegneten wir auf unserm Pfad zwei Männern in langen Hosen und europäischem Hemd. Der eine war mit Bogen und Giftpfeilen bewaffnet, der andere mit einem keulenartigen, fürchterlichen Totschläger. «Tal-Leute», erklärte Jia. Eine alte Frau kniete untertänig vor uns nieder und senkte den Kopf. Ein Bergler kam daher, nackt bis auf ein Höschen aus gewobenen Bändern, aus dem sein Penisfutteral herausragte. Auch er war bewaffnet. Hier im «Hinterland» habe ich kein Feld gesehen, das mit einem Pflug bearbeitet worden wäre. Da war, so mein erster Eindruck, nur ein paar Kilometer abseits der mit Autos befahrenen Piste, zwischen Tschamba und Wangai, offenbar während fünfundzwanzig Jahren die Zeit stillgestanden.
Jia gab allen, denen wir begegneten, bereitwillig Auskunft: dass wir unterwegs zu Voksi seien und dass der Alte hinten in der Kolonne, der am Stock ging, schon früher einmal hier gewesen sei, vor vielen, vielen Jahren. Da gab es keine Geheimniskrämerei, niemand hatte sich über «Kommunikationsschwierigkeiten» und Vereinsamung zu beklagen. Jeder wollte wissen, was man tat, wohin der Nachbar ging, was er plante. Jeder durfte erfahren, dass er in Wangai ein Petrollaternchen erstanden hatte. So war es eben selbstverständlich, dass Jia überall genau berichtete, was wir zwei Fremdlinge zu tun beabsichtigten.
Das war eine alte Erfahrung. Nie ging man aneinander vorbei, ohne sich etwas zuzurufen, zu fragen, Auskunft zu geben oder auch nur zu scherzen. So verbreiteten sich ohne Post und Telefon alle Neuigkeiten sehr rasch. In Afrika lebt keiner allein. Manchmal rief Jia über alle Felder und Sträucher weg, bevor ich überhaupt ein menschliches Wesen gesehen hatte, und ich wunderte mich wieder einmal, auf welch grosse Distanzen die Leute einander noch verstanden.

Sobald die junge Hirse, die man in der Zeit vor der Blüte leicht mit Mais verwechselt, eine gewisse Grösse erreicht hat, wird die Erde gelockert.

Die Berge rückten immer näher, die Schatten wurden länger. Einige Zeit gingen wir einem Bach entlang, ein Hirtenbub neben ein paar Zebus kündete das Dorf an, dann entdeckten wir in einer grossartigen Parklandschaft mit vielen alten Bäumen die ersten Gehöfte einer Streusiedlung. Die Familien dieses zweiten Bimlerous wohnten weit auseinander in einem Talkessel zwischen zwei Bergzügen am Rand eines sanft ansteigenden Schuttkegels. Wir wateten noch durchs munter fliessende Flüsschen. Vergebens schaute ich nach den Kobolden, den Zauberlehrlingen, aus, und dann stand ich nach ein paar Dutzend Schritten vor Voksis Gehöft.

Es war die Zeit der Bierfeste. Man war dankbar, dass es geregnet hatte, so dass man rechtzeitig die Hirse säen und die Yamsknollen setzen konnte. Da man sich bei der Feldarbeit gutnachbarlich half, gehörte es sich, dass man die Helfer mit Hirsebier bewirtete, das man ja auch selber gar nicht verschmähte. So kam es, dass uns wohl eine Menge Leute begrüssten; Voksis zwei Frauen, Söhne und Töchter, Schwiegertöchter, Nachbarn, kleine Enkel und Hüterbuben. Aber der, den ich suchte, war nicht dabei.
Er schlief, man musste ihn wecken. Aber dann erschien er, grüsste uns aus schmalen Äuglein, durchaus freundlich, zugänglich und leicht beschwipst. Ich erkannte ihn sofort. Da war er wieder mit seiner kräftigen, gedrungenen Gestalt, den breiten Schultern auf etwas zu kurz geratenen O-Beinen. Und immer noch hatte er den so kurzweiligen, verschmitzten Blick, wenn er die Augen ein wenig zukniff. Er war ja auch ein Schläuling. Nur die breiten Zähne, die ihm eines Panthers Tatze zertrümmert hatte, fehlten.
Voksi trug sein Häuptlingskleid, rostrote, halblange Hosen aus einem groben Tuch und ein kragenloses Überhemd aus dem gleichen Stoff. Er hatte sich ein langes Messer mit grob geschmiedetem Griff umgehängt, und er trug die so praktische Stoffmütze (siehe Bild auf dem Schutzumschlag), in der er Feuerzeug und Tabakpfeife versorgte.
Ich war zuerst nicht ganz sicher, ob Voksi mich wirklich wiedererkannte. Wohl hatte er uns, gar nicht ablehnend, begrüsst, doch dann führte

Blick in ein grosses Rundhaus in Voksis neuem Gehöft, wo niemand schläft, wo man aber an kalten Regentagen und am Abend am Feuer beisammensitzt. ►

◄ Wiedersehen nach fünfundzwanzig Jahren! Das ist der älter gewordene, verschmitzte Schläuling Voksi, immer noch der Chef. Nun lebt er mit seiner Familie im Tal.

mich der alte Bauer in sein Gehöft hinein, ging mir voraus, an ein paar grösseren und kleineren Rundhäusern vorbei durch ein wahres Labyrinth von Innenhöfen, bis zu seinem Schlafhaus. Dort setzten wir uns auf ein bequemes Fulbebett – er schlief also nicht mehr wie früher auf einer dünnen Matte am Boden. Er kramte nun unter dem Bett eine Flasche hervor, und wir tranken zusammen Gin, den ihm ein Weisser geschenkt hatte; ich aus dem aufschraubbaren Deckel, er aus der Flasche. Nun betrachteten wir zusammen meine mitgebrachten Fotos aus dem Jahr 1955. Er fand sie vergnüglich, und mir war es eine Freude, ihm dabei zuzusehen. Er drückte seinen breiten Zeigefinger auf das Gesicht Rellys oder Haman Jadschis, der Krankenpfleger Buba interessierte ihn kaum. Auf einer der Fotos entdeckte er mein Konterfei, betrachtete es eine Weile, schaute abwechselnd mich an und wieder das Bild. Er nahm sich Zeit, kicherte manchmal, lachte auch, und er schaute sich seine damalige Viehherde oder die tanzenden Mädchen mit dem gleichen Vergnügen an, auch wenn er sie verkehrt hielt, so dass sie auf dem Kopf standen. Bald war ich fest überzeugt,

Die Gehöfte sind nun unten im Tal viel grösser und stattlicher als oben zwischen den Felsen. Hinter dem Gehöft steht eine mächtige Dumpalme.

Die Herde Voksis – es sind Zeburinder – am frühen Morgen im Rauch eines Mückenfeuers, bevor sie von den Buben auf die Weide getrieben wird.

dass die Erinnerung zurückkam und er wieder wusste, dass ich einst neben ihm in Bimlerou-Do gewohnt hatte.

Es ging wie gewünscht. Voksi wies uns, ebenfalls im Hintergrund des vielgiebeligen Gehöftes, eine kleine Rundhütte an, in der neben allerlei Gerümpel zwei Fulbebetten knapp Platz fanden. Erst vor einigen Jahren hatte sich Voksi also mit seiner Familie an diesem schönen Ort angesiedelt. «Par la puissance de Haman Jadschi», übersetzte Jia. Er war also vom früheren Chef de canton hierzu gezwungen worden. Voksi rühmte nun den Entschluss, folgsam gewesen zu sein; die Ernten seien besser, die Arbeit leichter. Aber «le grand fils» – der älteste seiner Söhne – lebte mit seiner Frau und acht andern Familien immer noch oben in den Bergen. Ob sie seinerzeit oben geblieben sind oder ob sie später, als der behördliche Druck nachgelassen hatte, wieder hinaufgezogen sind, weiss ich nicht genau. Jedenfalls hatte ich nun die Gewissheit, dass die Bergdörfer noch nicht ausgestorben waren.

Neben den Rindern hält man sich auch einige Ziegen, deren Milch aber die Zicklein bekommen. Die Koma kennen keinerlei Milchwirtschaft.

Ein Teil seines Viehs, berichtete Voksi, sei noch oben in den Bergen in der Obhut des Sohnes. Es handelt sich um eine kleingewachsene, braune Rinderrasse mit geradem Rücken, wie wir sie zuvor bei den Doayo gesehen hatten. Unten im Tal hatte er sich Zebus gekauft, die billiger sind, und sich eine kleine Herde herangezüchtet. Sie lagerte jeweils am frühen Morgen, durch ein Rauchfeuer gegen Fliegen geschützt, hinter seinem Gehöft, bevor die Tiere von den Buben auf die Weide getrieben wurden.

Voksis Gehöft wies mindestens sieben Dächer auf. Hinter dem einzigen Eingang, den die hohe Schutzmauer aus Lehm freiliess, kam man nach ein paar Schritten zu einem grossen Rundhaus mit zwei türlosen Öffnungen, so dass man, geradeaus hindurchgehend, in einen hinteren Hof gelangte. In diesem ersten Haus lagen ein paar Krüge herum, ein grosses Tongefäss stand an der Mauer, sonst nichts. Eine offene Feuergrube – nicht eine Kochstelle – strahlte noch am Vormittag Wärme aus. Hier sassen die Menschen an kühlen Regentagen und am Abend zusammen, und tagsüber schliefen ein paar junge Hunde in der noch warmen Asche (Bild auf Seiten 246/247).

Im zweiten grossen Rundhaus war die Bierbrauerei eingerichtet. Über vier mindestens tischhohen Gefässen hingen drei Schädel geopferter Tiere neben einem mächtigen Tamtam und einer Sanduhrtrommel. Der Wand entlang standen fünfzehn enghalsige gefüllte Bierkrüge. In einem der grossen Kochgefässe steckte noch vom kürzlichen Gebrauch

her ein riesiger Reisigtrichter, der als Filter diente. In diesem Haus roch es aufdringlich nach Gärung und Bier.
So sahen seinerzeit, genau gleich, die Bierbrauereien oben in den Alantika aus, und meine Bilder von 1955 und 1980 sind sich so ähnlich, dass Betrachter nicht mit Sicherheit neue Aufnahmen von den alten unterscheiden können.
Zwei kleinere Häuser waren als Küchen eingerichtet, denn Voksi war zu dieser Zeit mit zwei Frauen verheiratet. Eine dritte habe er weggeschickt, weil sie nichts wert gewesen sei, kommentierte Jia freundlich grinsend. In beiden Küchen fand sich eine einfache Kochstelle mit drei

Aus Hirse braut man ein trübes Bier. Das säuerliche Gebräu, das bei keinem Fest fehlt, ist nicht unangenehm zu trinken. Der Mann rechts ist Sambo, Voksis Sohn.

runden Steinen, auf die man die russigen Kochtöpfe aus gebranntem Ton setzte. Daneben an der Wand die Steinmulde mit dem Reibstein, vor welcher die Hausfrau jeweils schon am frühen Morgen hinkniete und mit unendlicher Geduld Hirse zerrieb. Auch hier noch immer die gleichen primitiven Einrichtungen ohne irgendwelche Verbesserungen. In den kleinsten Häusern lagen die Schlafmatten. Das, was man bei uns Mobiliar nennt, fehlte natürlich. Dazwischen verstreut, wo sie gerade Platz fanden, standen die Speicher als etwa mannshohe Türmchen. Sie hatten alle ein abnehmbares Dach. Es war notwendig, dass man es wegnehmen oder doch weit aufklappen konnte, weil die Speicher nur

Diese Pfeifenraucherin ist Voksis Hauptfrau. Sie ist eine umsichtige, ruhige Hausmutter, die gelassen und zufrieden tut, was getan werden muss.

von oben zugänglich waren. Und so fehlten auch die an Stelle von Leitern üblichen Steigbalken nicht. Da standen noch kleine Hühnerhäuser; die Ziegen dagegen sperrte man des Nachts ausserhalb der Mauer in Hütten ein, die man mit Sparren und Ästen gegen den Panther sicherte.
Das alles bot mir gar nichts Neues. Einzige Veränderung, die ich gar nicht besonders als Verbesserung rühmen möchte: Auch in Voksis Gehöft hatte man nun an einigen Häusern Türen angebracht, wie man sie jetzt vorfabriziert auf den Märkten kaufen kann. Sie sind besonders hässlich: auf einen billigen Rahmen aus Holzleisten wird Wellblech genagelt. Auch die Vorhängeschlösser fehlten nicht, obschon man mir doch immer beteuerte, gestohlen werde nicht.
Seltsamerweise standen hier in Bimlerou-Les auch Speicher ausserhalb der Gehöfte, einige mehr als hundert Meter weit vom Haus des Besitzers. Das würde auch darauf schliessen lassen, dass man sich nicht von Dieben bedroht fühlte. Neben den grossen Vorratsspeichern für Hirse, Bohnen und Nüsschen standen da und dort, oft auf einem Felsblock, viel kleinere Speicher, als ob sich Kinder ein Spielhäuschen gebaut hätten. Das waren Speicherchen, in denen die Frauen ihre Habe versorgten. Einzige vernünftige Erklärung: Man fürchtete nicht die Diebe, sondern vor allem das Feuer. Dass Gehöfte abbrennen, ist leider nicht selten.

Was über die Kleider der Bewohner in diesem Hof und bei den Nachbarn zu berichten wäre, zeigen ja die Bilder. Das Männervolk in Hemd und Hosen, die Frauen und Mädchen wie einst mit den beiden Blätterbüscheln. Sehr willkommen war hier in der tropisch heissen Landschaft das Bergflüsschen, das kristallklar und erquickend nahe an Voksis Gehöft vorbeifloss. Geschliffene Granitfelsen darin, weicher, heller Sand dazwischen, grosse Schattenbäume am Rand. Man setzte sich mit dem Rücken gegen einen glatten Felsbuckel wie in eine Badewanne ins knietiefe Wasser und liess das erfrischende Nass über die Glieder fliessen. Es brachte wirklich Kühlung. Während unter den Bäumen die Schattentemperatur manchmal fast vierzig Grad betrug, massen wir im Flüsschen bloss zweiunddreissig Grad Celsius...
Hier füllten die Wasserträgerinnen ihre schönen Krüge, aber vorher reinigten sie alle ihre Kalebassen, die Essschüsseln, gewissenhaft mit Sand und spülten sie sauber, dann kauerten sie hinter einem Stein ins Wasser und wuschen sich. Hier wechselten sie auch zwei oder dreimal

im Tag ihr Blätterkleid. Da war es kurzweilig, zuzusehen, wie die verschmitzten Mädchen die Buben wegschickten, ihnen Blätter zu suchen, helle Blätter eines unnützen Strauches, die glänzen, als ob sie lackiert wären. Weitere Hilfe allerdings beanspruchten die Mädchen nicht mehr. Sie trugen die Zweige sorgfältig zusammen, zerquetschten auf Granit die Stengel mit einem Fäustling, bis sie faserig-weich waren und nicht mehr ins Fleisch stachen. Und dann wurden die neuen Kleidchen eben wieder umgebunden, ein Büschel vorn, ein Büschel hinten. Jedesmal, wenn sich die Mädchen bückten, drückten sie mit einer Hand den hintern Büschel züchtig an, und wenn sie sich setzten, klemmten sie den andern zwischen die Beine.

Die Fotografien, die ich mitgebracht hatte, gingen natürlich von Hand zu Hand, sie wurden betrachtet, betastet und belacht, und so war es selbstverständlich, dass Jia mir den Wunsch Voksis und aller andern ausrichtete, sie möchten auch fotografiert werden. Längst gehört zu meiner Ausrüstung eine Polaroid-Kamera. Man kann die Fotos sofort verschenken und macht natürlich damit mehr Freude als mit dem Versprechen, man werde später Bilder schicken. Und wie soll man Briefe an Menschen senden, die weder lesen können noch eine Postadresse besitzen?

Eines Nachmittags versammelte Voksi also seine Familie zu einem Fotofest. Man liess mich ungebührlich lange warten, weil die Frauen und Mädchen vorerst verschwunden waren; diese bereiteten mir aber eine echte Überraschung, denn als sie endlich erschienen, waren sie alle adrett gekleidet. Um die Hüfte hatten sie knöchellanges, buntbedrucktes Baumwolltuch geschlungen, sie hatten gut geschneiderte Blusen angezogen, und ihre kurzgeschorenen Haare – jetzt übrigens ohne die früher üblichen roten Lehmwürstchen – waren unter einem Kopftuch versteckt. Auch bunte Glasperlenkettchen fehlten nicht. Einige trugen weisse Sandalen aus irgendeinem schrecklichen Kunststoff. Keine dieser Frauen, die alle nie weiter als bis Wangai gekommen waren, wären in diesen Kleidern in einer afrikanischen Stadt aufgefallen.

Was eine rechte Foto ist, das wussten sie: sie stellten sich nebeneinander, steif wie Holzpfosten, und starrten todernst und unbeweglich in mein Objektiv. Nach jedem Klick waren sie wieder fröhliche und

Aus dem Bach neben dem Gehöft holten die Mädchen das Wasser; hier badeten sie, reinigten die Kalebassen und wechselten mehrmals im Tag das Blätterkleid.

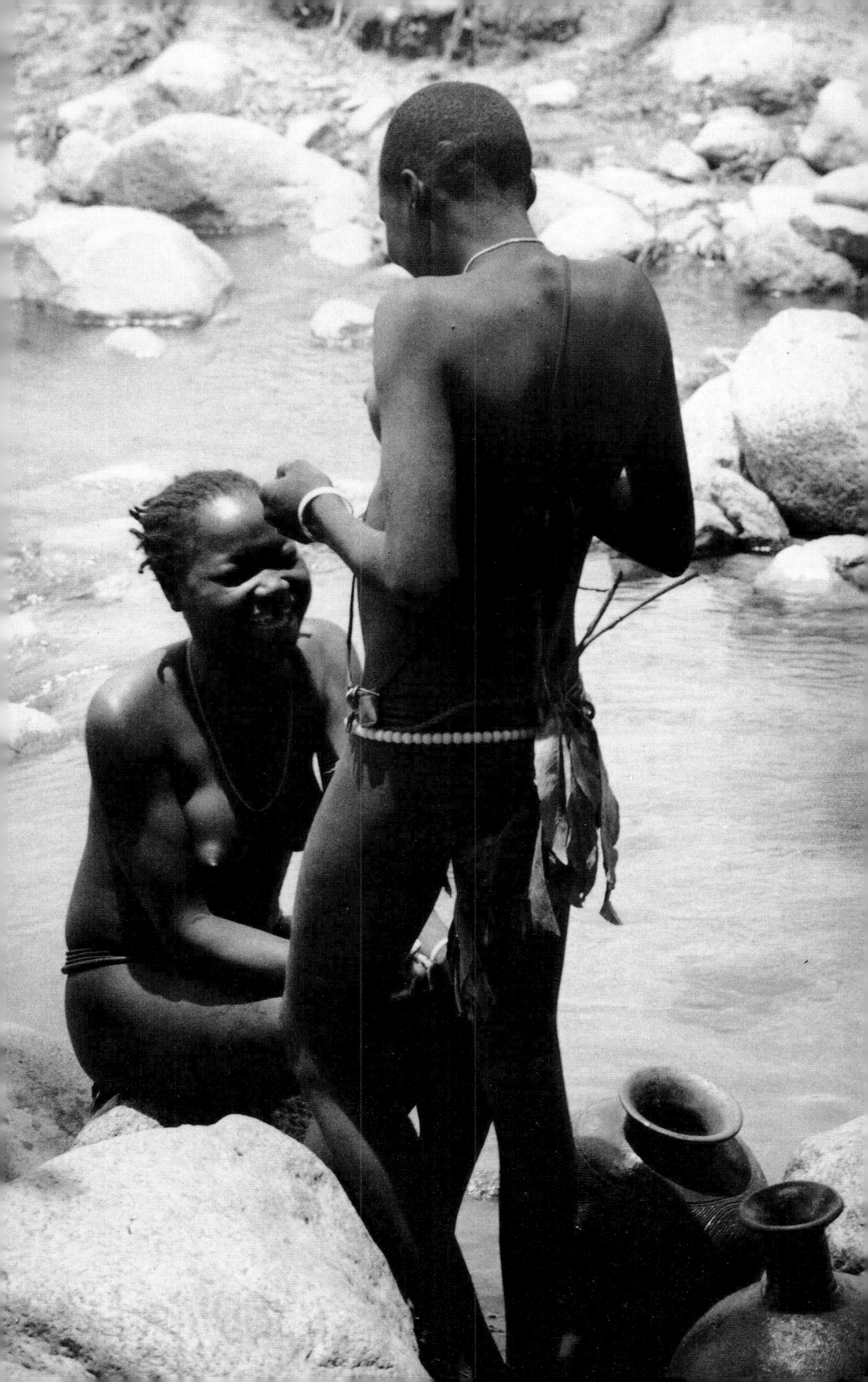

lachende Menschenkinder. Ich knipste, bis ich keinen Film mehr hatte, und jedes kam zu seinem farbigen Bildchen. Und dann versorgten sie ihre Sonntagsgewänder wieder in den Speichern und «bekleideten» sich mit ihren Blätterbüscheln. Wenn ich die Leute so unauffällig wie möglich bei ihrer Arbeit fotografierte, wenn sie zusammen lachten oder schwatzten oder tanzten, war das offenbar etwas ganz anderes, denn sie kümmerten sich gar nicht um mein Tun.

Die Kleider, die Flasche Gin unter Voksis Bett, die Zigaretten, welche Burschen wie Mädchen rauchten, wenn sie eine erwischten, waren hier aber doch vorderhand blosser Firnis, der kaum verdeckte, dass die Menschen noch die gleichen geblieben waren und nicht wussten noch wissen wollten, wohin der Faro floss.

Nicht weit vom Ufer des Bergbaches hatte man ein Stück Land mit einem starken Zaun aus groben Hirsestengeln und dornigem Gestrüpp gegen die Ziegen geschützt. Dahinter hegte hier aber kein Zauberer seine Medizinalkräuter und Wundermittel. Eines Morgens kratzte dort Voksi, angetan mit ein paar alten Hosen, die Erde zu zwei zwölf Meter langen, stuhlhohen Wällen zusammen. Da unterschied er, der Chef, sich sehr von Kollegen in den Fulbedörfern, die ihre Tage weit eher im Liegestuhl verbrachten, aber niemals auf einem Felde oder im Garten ihre Hände mit Erde beschmutzten.

Die Ignam-Knollen, die er nun in die so vorbereitete fette Ackererde setzte, hatte er offenbar im Dunkeln gelagert. Die Keimlinge waren bleich und bereits meterlang. Da die Ranken dieser Pflanze gerne wie diejenigen unserer Stangenbohnen hochklettern, steckte er noch allerlei Gehölz in die Erdwälle.

Am gleichen Tag bestellte Voksis zweiter Sohn mit Verwandten und Helfern ein Feld, das mindestens eine Regenzeit lang brach gelegen hatte. Zuerst wurde meterhohes Gras und allerlei Gestrüpp entfernt, dann begann jedermann, irgendwo, wo es ihm gerade behagte, mit einer kurzstieligen Hacke das Unkraut abzuschälen und die Erde zu Hügeln zusammenzukratzen und gleichzeitig das Unkraut im Erdhaufen zu verstecken. Die Erde wurde also nicht tief bearbeitet, nicht etwa mit Spaten umgedreht, auch nicht mit einem Pflug, der sowieso unbekannt ist, aufgerissen.

Voksi pflanzt in seinem Garten vorgekeimte Ignamwurzeln. Er kennt auch den Maniok und die süssen Pataten. Man ernährt sich viel weniger einseitig als früher.

Nach ein paar Stunden, als die mühsame Arbeit endlich beendet und kein Flecklein Grün mehr zu sehen war, erinnerte das Feld an eine wirre Landschaft, die mit übergrossen, eng beieinander liegenden Maulwurfshügeln übersät ist.

Wurde da nicht eine Anbaumethode angewendet, welche bei uns neuzeitliche Gartenbiologen propagieren? Sie lehnen es ab, in die Tiefe zu graben, schwere Erdschollen umzudrehen, weil dadurch bloss das Leben der Bodeninsekten und Bakterien zerstört werde. Auch sie schälen bloss die Oberfläche weg und bauen gutdurchlüftete Erdhügel, in denen das Unkraut verrottet.

Ein Feld wird in gemeinsamer Arbeit für den Anbau von Hirse vorbereitet. Es ist fast eine Selbstverständlichkeit, dass sich die Nachbarn gegenseitig helfen.

Pfundschwere Hirseähren. Der gekochte Brei ist für Millionen immer noch Grundlage der Ernährung. Einer der vielen Vorteile der Hirse: sie ist leicht zu speichern.

Die Erde war feucht und schwer an jenem Tag hinter Voksis Gehöft, die Leute schwitzten bei ihrer Arbeit, die sich fast ohne Unterbruch bis zum Mittag hinzog. Unmittelbar nachher wurde gesät. Der zweite Sohn und zwei Frauen besorgten es, und ich verwunderte mich, dass ein Mann dabei war. Das Säen war früher den Frauen allein vorbehalten, denn sie tragen in sich den Mythos der Fruchtbarkeit.
Alle drei gingen mit einer Handvoll Samenkörner rasch zwischen den Hügeln dahin, köpften mit der Hacke jede Kuppe, warfen ein paar Körner hin und zogen liederlich wieder etwas Erde darüber. Das ging sehr rasch, man blieb kaum einmal stehen, lief kreuz und quer über den Acker, riss mit der Hacke links und rechts etwas Erde von den Hügelspitzen und holte ab und zu aus einem Säcklein wieder eine Handvoll Samenkörner. Und nachher hatten sie bloss noch auf den nächsten Regen zu hoffen.
Die Hirse gilt wohl immer noch als Hauptnahrungsmittel, weil sie am einfachsten zu speichern ist. Aber im unteren Bimlerou pflanzte man nun eine ganze Reihe weiterer Feldfrüchte. Voksis Familie kannte, wie erwähnt, den Ignam (englisch = Yam), ferner den Maniok, Süsskartoffeln (die Pataten), selbstverständlich die Erdnuss, ausserdem Bohnen und Zwiebeln. Sie wussten, wie man aus den Früchten des Carité-Baumes eine Pflanzenbutter herstellt, und da man ja auch dazu mancherlei Wildfrüchte erntete und vielerlei Kräuter zum Kochen von scharfen Saucen zum trockenen Hirsebrei pflückte, war die

Ernährung nicht mehr so eintönig, einseitig und ungenügend. Dass man diese starrköpfigen Bauern dazu gebracht hatte, Unbekanntes anzupflanzen, habe ich als echten Fortschritt empfunden. Ich begriff wohl, dass Voksi ganz zufrieden war und nicht bereute, nun im Tal zu leben. Ich habe ihn gefragt, ob hier manchmal jemand hungere. Das sei möglich, meinte er, aber nur einer, der zu faul sei, um mit den andern auf dem Feld zu arbeiten, habe vor der neuen Ernte zu wenig zu essen. In jenen Breiten ist der Regen weit weniger ein unzuverlässiger Genosse als im Nordzipfel Kameruns, wo Missernten häufiger sind. In Bimlerou stand genügend Land zur Verfügung. Es wurde dem Arbeitswilligen vom Chef zugeteilt. Nicht etwa, dass es nun dem, der es bearbeitete, für immer gehörte. Besitzer war er nur, solange er oder jemand seiner Familie es bearbeitete und nutzte. Ein ideales Landrecht!

Auch Fleisch fehlte nicht im «Ernährungsplan»! Man schlachtete – aber immer noch eher bei besonderen Gelegenheiten – ein Haustier, verschmähte auch Mäuse und anderes Kleingetier nicht, wagte sich zum Fischen an den Faro, wilderte ein wenig mit Fallen und Schlingen und erwischte mit dem Pfeil etwa einmal ein Perlhuhn.

Zum Schutz der Tierwelt hat die Regierung für Nordkamerun ein absolutes Jagdverbot verfügt. Viele finden es vernünftig, denn einige Tierarten sind bereits selten geworden und scheinen gefährdet. Wenn wir seinerzeit am frühen Morgen oder in der ersten Abenddämmerung durchs Land fuhren, sahen wir manchmal auf unsern Ausflügen Hunderte von Perlhühnern, und wir begegneten mit Sicherheit ein paar Familien von Warzenschweinen, die mit senkrecht gestelltem Schwanz in die Büsche flüchteten. Gegenwärtig entdeckt das ungeübte Auge Tiere bald nur noch in den Reservaten.

Die katholischen Missionare in Fignolé waren da nicht meiner Meinung. Sie schimpften über die Schäden, welche die Perlhühner überall auf den Feldern anrichteten, und waren gar nicht einverstanden, dass man nicht mehr jagen durfte, um sich mit Fleisch zu versorgen.

Ich bin sicher, dass damit der Speisezettel dieser Selbstversorger immer noch nicht vollständig ist. Da wäre noch ein einfaches Rezept, wie man zum Fleisch eine kräftige Sauce kocht. Man braucht dazu einen Topf voller Termiten. Aber die sind gar nicht so einfach zu fangen, denn ihre

Sofort nach den ersten Regen wird die Hirse gesät, und dann hofft man auf die nächsten Gewitter. Bleiben sie zu lange aus, muss ein zweites Mal gesät werden.

Burgen sind unterirdisch angelegt, und die charakteristischen Hügel – die Lüftungssysteme über der Erde – sind steinhart und schwer aufzubrechen. Nun lernte ich eine gute Methode kennen, um Termiten zu fangen, und da es sich ja hier um ein Rezept zur Saucenfabrikation handelt, darf ich im Stil eines Kochbuches weiterfahren:
Man suche in der Savanne einen Termitenhügel, der noch bewohnt ist. Hat man einen von etwa anderthalb Metern Höhe entdeckt, baut man um ihn herum aus Holz, dürrem Gras und Stroh eine fest anschliessende Hütte. Auf halber Höhe sorgt man für eine Öffnung von knapp zwanzig Zentimetern Durchmesser. Nun wird diese gut brennbare

Im Text rechts wird eingehend ein Bananenhandel geschildert, als Beispiel dafür, wie ungewohnt den Menschen der Umgang mit Bargeld immer noch ist.

Schale angezündet. Die Termiten werden ausgeräuchert, sie steigen aus den Tiefen empor zum einzig möglichen Fluchtweg und versuchen, durchs Fenster zu entkommen.

Die Fortsetzung ist ganz einfach: Man sammelt die Insekten dort in Krügen ein, röstet sie über mässigem Feuer, zerquetscht sie im Mörser zu einem dunklen Pulver, kocht es und würzt damit das Ziegenfleisch. Sehr empfehlenswert und proteinhaltig...

In Bimlerou isst man nun auch Bananen. Freund Relly, der jedermann zum Pflanzen von Bananen überreden wollte, hätte sich sehr gefreut beim Anblick eines grossen, mehr als hundert Meter langen Bananenhaines in einer feuchten Schlucht am Fuss der Berge.

Als ich einem Bauern, der mit einem Korb voll dieser süssen Früchte an Voksis Gehöft vorbeikam, eine Anzahl abkaufte, erlebte ich, wie ungewohnt den Menschen der Umgang mit Bargeld doch immer noch ist. Es war nicht möglich, einfach den Preis einer Banane mit der Anzahl der gekauften Früchte zu multiplizieren. Niemand war sicher, ob nun die Summe, die ich dem Mann hinstreckte, richtig war. Da gab es einen Einheitspreis für je vier Bananen. Mit ein paar Buben und Mädchen als Zeugen legten wir nun vier Bananen zu einem Häufchen auf die Erde, und ich klaubte aus meinem schweren Tuchsäcklein die notwendigen Münzen heraus und legte sie neben die Bananen. Als sich jedermann überzeugt hatte, dass die Summe stimmte, häufte man daneben wieder vier Bananen auf, und ich legte das Geld dazu. Wieder in Gemeinschaftsarbeit sorgfältiges Abzählen der vier Bananen und Nachzählen des Geldes. So entstand nun eine Reihe von zehn Bananenhäuflein mit den entsprechenden Kupfermünzen daneben. Nun nahm ich meine ersten vier Bananen weg und der Bauer das Geld, das zu diesen Bananen gehörte, dann nahm ich die nächsten vier Früchte weg und er wieder das Geld, bis wir am Ende der Reihe angelangt waren. Und jeder wusste – und der Bauer hatte es auch begriffen –, dass alles mit rechten Dingen zugegangen war. Er war sichtlich zufrieden mit dem Handel, denn bevor er den Korb wieder auf seinen Kopf hob und sich trollte, schenkte er mir noch drei Bananen. Ich verteilte die Hälfte meines sicher zu teuren Kaufes an alle, die mitgeholfen hatten, dass ich nicht zu kurz gekommen war beim Zählen und Rechnen, dann versorgte ich den Rest in unserm Schlafhaus. Am Abend waren meine Bananen weg. Eine Ziege hatte sie gefressen, weil ich es unterlassen hatte, die öde Wellblechtüre, die ich nicht mochte, zu schliessen.

Am Tage unserer Abreise schenkte mir Voksi noch eine Flasche Honig. Man hat richtig gelesen: «Flasche», nicht Büchse, denn der Honig der westafrikanischen Wildbienen ist flüssig. Wohl ist er süss, wie Honig zu sein hat, aber er schmeckt krautiger, schärfer als derjenige unserer friedlichen Hausbienen. Wir gossen ihn jeweils in ein Tellerchen und tunkten zum Frühstück unser Brot hinein, bis es sich vollgesogen hatte. So machte mir unser Gastgeber mit seinem Geschenk eine grosse Freude.
Ich hatte auf dem Weg nach Bimlerou bereits die mir längst bekannten Körbe – manchmal sind es auch Tonkrüge – gesehen, die man in die Bäume gehängt hatte, um Bienen anzulocken, und in Voksis Gehöft entdeckte ich drei eng geflochtene Strohscheiben, etwa so gross wie Grammophonplatten, mit einem Flugloch in der Mitte. Diese Scheiben passen genau in die Öffnung eines Bienenkorbes, das Flugloch wird mit irgendeiner wohlriechenden Paste eingeschmiert, um die Honigspender anzulocken. Der Korb wird dann auf einem leicht zu erkletternden Baum, waagrecht liegend, in einer Astgabel befestigt. Jia behauptete, dass nur Zauberer oder die ganz alten Männer die Zusammensetzung dieses Duftstoffes kennen würden. Offenbar befindet sich die Brut in den hinten liegenden Waben. Jedenfalls reisst man nur die vorderen Wabenschichten heraus, schont also die Brut. So besteht die Möglichkeit, dass nach der Plünderung das Bienenvolk zurückkehrt und weiter eifrig Honig produziert. Es kann sein, ist aber nicht die Regel, dass ein Volk trotz der Störungen zwei oder drei Jahre im gleichen Korb bleibt. Von früher her hatte ich den Eindruck, dass doch etwa jeder vierte der Körbe, die man in die Bäume gehängt hatte, sich besiedelte.
Die Gewinnung des Honigs ist eine abenteuerliche Angelegenheit für mutige Burschen. Ich habe mehrere Male zugesehen. Unten am Faro wurden wir einmal – es war längst Nacht geworden – von aufgeregtem Bubengeschrei und einem Feuerschein in einem mächtigen Baobab angelockt. Oben im Baum sass ein fast nackter Jüngling und strich mit einer dicken, brennenden Strohfackel vor einem Bienenkorb hin und her, vertrieb damit die Bienen und griff zwischendurch mit dem Arm in den Korb, brach grosse Wabenscheiben ab und warf sie herunter in und neben die Kalebassen, die dort bereitstanden. Die Bubenschar war ebenfalls mit Fackeln bewehrt, einerseits, um besser sehen zu können, andrerseits, um sich der wild gewordenen Bienen zu erwehren, deren Brummen gut zu hören war. Obschon man behauptet hatte, die Bienen seien des Nachts ungefährlich, waren die Buben sicher dutzendfach

Bienen werden nicht als «Haustiere» gehalten und gezüchtet. Man hängt Körbe oder auch Krüge in die Bäume und hofft, dass sich ein Bienenvolk einfindet.

gestochen worden. Sie schlugen jedenfalls mit ihren brennenden Strohwischen um sich, sie schrien und lachten und lärmten und leckten Honig und assen die Waben samt den fetten Larven. Der Held im Baum, offenbar der Besitzer des Korbes, schrie herunter, man möge ihm nicht allen Honig wegfressen. Dann hörte man nichts mehr von ihm, er kam auch nicht herunter, sondern schmatzte eine letzte grosse Scheibe, eine gewaltige «Honigschnitte», ganz allein. Um sich der erzürnten Bienen zu erwehren, fuchtelte er dazu mit seiner bereits sehr kurz gewordenen Fackel herum.

Nachher ging die jugendliche Bande an den Fluss, die Buben wuschen sich die klebrigen Mäuler und kühlten im Faro die heissen Bienenstiche. Wie hatten die es lustig und wie waren sie zu beneiden. Niemand schimpfte, weil sie zu laut waren, niemand war da, der ständig rügte und mahnte und sich ärgerte über die Lebenslust der Jugend.

Die Landsgemeinde

Eines Nachmittags fand unter den Schattenbäumen vor Voksis Gehöft eine Versammlung statt, die ich nicht anders als eine Landsgemeinde nennen kann. Schon am Vormittag hatte man die Krüge mit Bil-Bil, Hirsebier, gefüllt, und kurz nach Mittag erschienen die ersten Besucher; die Männer und auch einige Frauen aus den umliegenden Gehöften. Zu ihnen gesellten sich dann bald auch eine Anzahl vorwiegend älterer Männer, die vom oberen Bimlerou in ihrer traditionellen Kleidung, also ohne europäische Hosen und Hemden, heruntergekommen waren. Voksi trug an diesem Nachmittag wieder sein rostrotes Häuptlingsgewand, er hatte auch sein langes Messer umgehängt. Nach und nach hatten sich mehr als sechzig Dörfler aus den beiden Bimlerou eingefunden.

Zu beraten war, ob der folgende Handel nun abgeschlossen werden sollte oder nicht. Zwei junge Burschen aus dem oberen Dorf waren in Streit geraten, der so heftig geworden war, dass sie sich beinahe umgebracht hätten. Diese Geschichte lag fast ein Jahr zurück. Damals verurteilten die Alten die Streithähne dazu, ab und zu beim Chef Frondienste zu leisten. Als Gegenleistung hatte Voksi den Vätern der Sünder versprochen, den Fall nicht, wie es seine Pflicht gewesen wäre, dem Chef de canton von Wangai zu melden, der die beiden sicher ins Gefängnis nach Poli hätte bringen lassen. Man fand, dieser Streit, der beinahe sehr fatal ausgegangen wäre, sei eine Angelegenheit, welche die Behörden nichts angehe. Das leuchtete ein.

Neben dem Eingang zum Gehöft sass Voksi, an die Mauer gelehnt, mit

Ein Bild aus den Bergen, das im Jahr 1980 aufgenommen wurde. Eine Veränderung in der Wohnweise ist kaum feststellbar. Die Aufnahme stammt von Jürg Blaser. ▸▸

Der Dorfchef – im roten Kleid – inmitten einiger Alter, die zu einer Versammlung aus den Bergen gekommen sind. Die Autorität der alten Männer ist ungebrochen. ▸

vier Alten, offenbar Auserwählten eines «inneren Kreises». Ihnen gegenüber in den nächsten Reihen hatten sich andere alte Männer niedergelassen, alle mit Gesichtern, als ob sie aus Holz geschnitten wären, mit guten und lebendigen Augen. Sie mahnten mich an Emmentaler Bauern aus Gotthelfs Romanen: knorrig, querköpfig, eigensinnig und rechtdenkend. In den nächsten Reihen sassen die jungen Leute und Buben, die bereits beschnitten waren. Noch etwas weiter weg, sehr im Hintergrund, hörten auch ein paar Frauen zu und hüteten die kleinen Kinder, damit sie nicht störten. Die Sünder fehlten, ihre Sache wurde durch die beiden Väter vertreten.
Wenn einer im Ring sprach, schwiegen alle andern und hörten aufmerksam zu, keiner redete drein. Zu Wort kamen vor allem die Alten. Zu spüren war die für Afrika so typische Autorität der alten Männer, der Respekt, den man ihnen zollte. Voksi sprach wenig, Wortführer war vor allem sein Bruder, der heute aus Ober-Bimlerou heruntergekommen war. Die Väter wurden nach Ursache und Hergang des Streites befragt, sie antworteten ruhig und ohne Feindseligkeit.
Nachher ging die Rede von einem zum andern, es wurden verschiedene Meinungen vertreten, das spürte man bald auch ohne Übersetzungshilfe Jias. Ruhig und gemessen wurde meistens gesprochen, in den Gesichtern dieser Bauern lag eine seltsame Würde. Ab und zu flackerte auch Leidenschaft auf mit schönem Spiel der Hände. Wir zwei waren tief beeindruckt und begeistert. Uns Musterdemokraten aus der Eidgenossenschaft störte dabei höchstens, dass sich kein Junger zum Wort meldete. Sie flüsterten nur untereinander, keiner mischte sich in die Beratungen, aber anwesend waren sie doch. Die Krüge mit dem

Die beiden Bilder dieser Seiten stammen von einer «Landsgemeinde». Der Chef, umgeben von einigen wichtigen Männern des Dorfes, erörtert seinen Standpunkt.

Zwei Redner vertreten ruhig und gemessen, sicher etwas umständlich, eine Gegenmeinung. Eingehend wird beraten. Man könnte sich ein Beispiel nehmen.

Bil-Bil waren immer ausgetrunken, bevor sie bis in die hinteren Reihen gelangten. Voksi entschuldigte sich, dass nicht genug Bier da sei, aber niemand habe damit gerechnet, dass sie alle kämen. Man bediente vor allem die alten Männer, und wie üblich dienten linsenförmige Kalebassen als Trinkgefässe.

Nach einer Weile zog sich Voksi mit seinen vier Alten zu einer Beratung ohne andere Zuhörer in einen hinteren Hof seines Gehöftes zurück, zur Beratung und zu einem weiteren ungestörten Trunk. Das

Orakel müsse befragt werden, entschieden sie. Als sie nun wieder vor den andern an der Aussenmauer sassen, legte einer der Notabeln ein Bündel fast bleistiftlanger Stäbchen aus. Zwei andere schoben sie ein wenig hin und her, deuteten auf dieses Stäbchen, dann auf jenes und erzählten, was sie daraus lasen. Verstanden wurden sie sicher nur von den nächsten, und das waren wiederum ehrwürdige Alte, Eingeweihte. Dann ging Voksi mit seinen vier Alten – waren es Zauberer, Orakelkundige, Schmiede? Ich weiss es nicht – hinter sein Gehöft, und ungesehen vom Volk wurden dort die Stäbchen vergraben und mit Hirsebier begossen.
Dann kamen sie wieder zurück, und nach kurzer Beratung verkündete Voksis Bruder, die beiden Burschen hätten noch einige Zeit ab und zu dem Chef bei der Arbeit zu helfen. Ein Beschluss, der als Ergebnis der Gespräche und dessen Bestätigung durch das Stäbchen-Orakel zustande gekommen war, nicht etwa durch eine Abstimmung.

Am Abend kamen dann die Jungen zu ihrem Vergnügen. Sie versammelten sich in der hellen Mondnacht zu einem Tanz. Die Mädchen und Frauen standen in einer Reihe, neben ihnen zwei Musikanten mit Tamtams. Ihnen gegenüber hatten sich die Burschen postiert. Eine Vorsängerin improvisierte Melodie und Text, der Mädchenchor wiederholte einstimmig diese Melodie mit einem stets gleichbleibenden Refrain. Dazu klatschten sie in die Hände, und die Trommler unterstützten sie mit ihren Rhythmen. Die Burschen sangen nicht mit, von ihnen aber waren ab und zu wilde Jauchzer zu hören.
Es war ein eindeutiges Lock-und-Werbe-Spiel. Man lockte sich gegenseitig aus der Reihe heraus. Da hüpften zwei junge Männer im Tanzschritt bis vor die Mädchen hin, dorthin vor die Reihe, wo sie sich hingezogen fühlten, und wichen wieder in die Bubenreihe zurück. Sofort folgten ihnen mit leicht gebogenen Knien und ganz kurzen Schrittchen zwei Mädchen und rissen rückwärts tanzend wieder aus. Zwei andere Burschen hüpften nun zu den Mädchen hin, so nahe, dass sich die Nasenspitzen fast berührten, und kehrten wieder zurück. Dann wagten sich wieder zwei, manchmal drei Mädchen etwa fünfzehn Tanzschritte weit bis zur Bubenreihe. So forderten sich die Geschlechter gegenseitig heraus, der Gesang dazu verstummte nie, und alle

Ein alter Bergbauer aus Bimlerou. Er war kaum einmal im Tal, hat den Faro nie überquert, aber er strahlt Selbstbewusstsein und Zufriedenheit aus.

gerieten dabei derart in Eifer, dass die nackten Körper der Mädchen bald schweissnass glänzten. Und wie immer, wenn Afrikaner zu tanzen beginnen, bewies man eine fast unbegreifliche Ausdauer.
Im Tagebuch meines Begleiters, der entschieden mehr von Musik und Tanz versteht als ich, finde ich die folgenden Sätze: «Animatoren, jene mit den Musikinstrumenten, jagen ihre Rhythmen los. ... Reichhaltige Melodien ... Sie sind stark jazzig, regelmässig mit auch synkopischen Gegenschlägen. ... Tamtams, eines als Hauptinstrument, ein zweites als Taktschlag mit einem tiefen Ton. ... Ziemlich graziös die Frauen – kräftiger, wuchtiger die Männer.»

Anderntags herrschte bei Voksi wieder friedlicher Alltag. Tagsüber hielt man sich eher unter den Bäumen vor dem Gehöfteingang auf, hier sass man herum, werkelte etwas oder tat auch nichts. Nachbarinnen kamen zu Besuch. Ein Vorbeigehender berichtete, wie es sich gehörte, woher er kam. Eine der Hausfrauen kniete vor einem groben Granitfelsen und klopfte wohl seit einer halben Stunde mit ihrem runden Fäustling darauf. Der Reibstein war ihr zu glatt geworden, so versuchte sie, ihn aufzurauhen, damit die Körner in der Reibmulde wieder rascher zu Mehl wurden.
Zwei kleine Mädchen schnitten mit überlangen Messern Kraut in kurze Stücke, aus denen ihre Mutter dann eine Sauce kochte. Man wagte ihnen kaum zuzusehen, wie sie da mit ihren viel zu grossen Messern hantierten. Aber da war keine überängstliche Mama, die mahnte, ja aufzupassen; natürlich schnitt sich keines.
Neben mir sassen mit gestreckten Beinen zwei halbwüchsige Mädchen, eines davon mit der so hässlichen künstlichen Zahnlücke, und zopften Seile. Sie hatten eine Garbe meterlanger dürrer Grashalme vorher in einer Granitwanne – offenbar einer zu tief gewordenen Reibschale aus einer Küche – ins Wasser gelegt, büschelweise Halme herausgenommen, weichgeklopft, und nun entstanden also Seile, die man später zur Erneuerung eines Daches verwendete.
Zwei kleine Buben hatten ein wundervolles Spiel entdeckt. Da lag ein grosser Felsblock mit einer tischgrossen, sanft geneigten Fläche auf der einen Seite. Eines der Büblein sass oben auf dem Block, das andere wartete unten. Nun liess der Knabe oben Marmeln aus trockenem Ziegenmist herunterrollen, und der andere versuchte, sie aufzufangen. Ab und zu wechselten sie die Plätze. Das war alles. Aber sie waren äusserst vergnügt in ihr Spiel vertieft.

Wenn ich an Eltern dachte, die bei uns ihren Kindern feuerspeiende Plastikroboter von andern Gestirnen schenken, wurde mir übel, aber ich möchte doch versuchen, gerecht zu sein. Auch bei uns habe ich Bauernkindern zugeschaut, die eifrig und versunken mit einer leeren Konservenbüchse Wasser von einer Regenpfütze in die andere trugen und dann wieder zurück.
Voksi, der Grossvater, trug die zweijährige Tochter seines zweiten Sohnes auf dem Arm, schäkerte mit ihr, ging dahin und dorthin, trug sie rings ums Gehöft, zeigte ihr ein Zicklein, das lebensfroh umherhüpfte. Dann putzte er ihr mit einem Blatt das verschmierte Näschen

Mit den Kindern wird selten geschimpft. Die kleinen Mädchen wachsen in der Geborgenheit ihrer von keinen Zweifeln geplagten Mütter auf.

und rannte einer gackernden Henne nach, die entrüstet flüchtete. Das Kind jauchzte vor Vergnügen und pisste dem Grossvater in der Aufregung über den Arm, aber das kümmerte ihn wenig.
Manchmal auch lag Voksi faul und mit der ganzen Welt zufrieden vor seinem Hof auf einer Matte, und die kleinen Kinder kuschelten sich an ihn. Er lag auf dem Bauch und legte seine Arme über sie, eines rechts und zwei links. Oder er sass vor einem Baum und machte kleine Fingerspiele mit ihnen, fast wie wir sie spielten mit unsern Kindern: «Da kommt ein Bär, wo kommt er her, wo will er hin...?», und das endete dann mit einem lustigen Kitzeln am Hals, das aufgeregt erwartet wurde, obschon man doch seit langem wusste, wohin der Bär nun ging. Genau so unterhielt sich Voksi mit seinen Enkelkindern, die von Herzen lachten, und ihm hatten noch keine faden Pädagogen und Psychiater beibringen wollen, Kitzeln sei gefährlich und ungesund, denn es führe zu Neurosen und späteren Sexualkonflikten.

Spät in einer Nacht lag ich wach auf meinem harten Bett. In meinen Ohren lag noch der helle Glockenton, Stein auf Stein, den die Hausfrau beim Aufrauhen ihrer Reibsteine erzeugt hatte. Ich hörte das heitere Lachen der Mädchen am Bergbach, die dort ihre Kalebasse fegten, und der verschmitzte Voksi lief mit seinem Enkelkind auf dem Arm in grossen Sprüngen hinter einem Huhn her. Lebte diese Familie denn nicht ohne grosse Sorgen? War der selbstbewusste Stolz Voksis denn nicht berechtigt? Vieltürmig war sein Hof, er besass eine Herde, die Speicher waren nicht leer, und seine Kinder und Kindeskinder waren wohlgeraten, obschon es in der Sprache der Koma vermutlich nicht einmal ein Wort gibt für Erziehung. Oder täusche ich mich? Waren diese Menschen glücklich oder waren sie es nicht? Ich weiss es nicht.
Ich weiss es wirklich nicht! Da schwärmte ich von friedlichem Alltag und sinnvollem häuslichem Tun, da war die Rede von Kurzweil und heiterem Lachen, von freundlichem Zusammenleben und ruhiger Gelassenheit. Hatten sie es nicht viel besser als so viele, die in viel zu grossen, schmutzigen afrikanischen Städten grenzenlos heimatlos geworden sind und ihre Identität verloren haben? Ich habe nicht verhehlt, wie gut es mir bei Voksi gefallen hat, wie schön es war, ihn

In einem der Innenhöfe bei Voksi. Der grosse Vorratsspeicher steht auf einem luftdurchlässigen Sockel, damit der Speicher ständig durchlüftet wird.

wiedergefunden zu haben. Mir behagte es überaus, zu erleben, dass er mit den Seinen in einer grossartigen Selbstsicherheit und Unabhängigkeit ohne zerstörerische Minderwertigkeitsgefühle noch fast das gleiche Leben führte wie vor fünfundzwanzig Jahren und wie es seine Vorfahren stets für richtig gehalten hatten.

Aber wohnte bei ihm in Bimlerou nicht auch eine alte Verwandte, die sinnlos am Erblinden war, weil niemand wusste, dass der Arzt in Poli, im so unendlich weit entfernten Poli, hätte helfen können, wenn man sie rechtzeitig hingebracht hätte? Hatte ich nicht gesehen, wie düster die fensterlosen Hütten waren, dass es kaum Decken gab und man in kühlen Nächten oft fror? Hatte ich denn wirklich nicht gesehen, wie armselig meine Freunde lebten im Vergleich zu uns?

Aber ein solcher Vergleich ist unsinnig, das weiss ich doch seit vielen Jahren. Ich beurteile ihr Leben einfach falsch, wenn ich mir dabei vorstelle, ich müsste nun mit den Meinen in Bimlerou wohnen. Waren sie wirklich arm, die Leute um Voksi? Hier hat keiner gehungert. Hier war niemand allein, man lebte miteinander, niemand litt an Vereinsamung, keiner musste sich bei irgendeinem Guru mit dem Urschrei befreien. Niemand litt an Weltschmerz, niemand flüchtete sich in nicht definierbare, diffuse Sehnsüchte und Illusionen, und keiner schwatzte von Selbstverwirklichung, wieso auch?

Aber sind sie nicht unterdrückt? Besitzen sie gegenüber Voksi, dem autoritären Hausherrn, nicht zu wenig Rechte? Er ist ein strenger Herrscher. Doch Leopold Senghor, der grosse Senegalese, schrieb einmal: «Freiheit ist schlimmer als Sklavendasein, wenn ich nicht mehr weiss, wer ich bin.»

In Bimlerou lebt man geborgen, man ist «behaust», und das sind zahllose junge und alte Stadtbewohner in Afrika wie in Europa längst nicht mehr. Wir haben die Afrikaner in eine Zivilisation gedrängt, die nicht die ihre ist. Die alten Normen sind verschwunden, keiner weiss mehr, wo er hingehört. Das ist kaum mehr zu ändern, nur zu beklagen. Täusche ich mich wirklich, wenn ich annehme, dass man in Bimlerou ein gutes Leben führt, in einer Gemeinschaft ohne Heimatlosigkeit? Natürlich nicht im Paradies, sondern auf der Erde mit all den Schwierigkeiten, die der Alltag den Menschen bereitet. Habe ich nicht erlebt, wie sorgenlos und munter die Kinder aufwachsen? Hätte ich mich nun

Was wird ihm die Zukunft bringen? Ist nicht auch im armseligsten Dorf das Leben besser als in einem städtischen Elendsquartier ohne Arbeit?

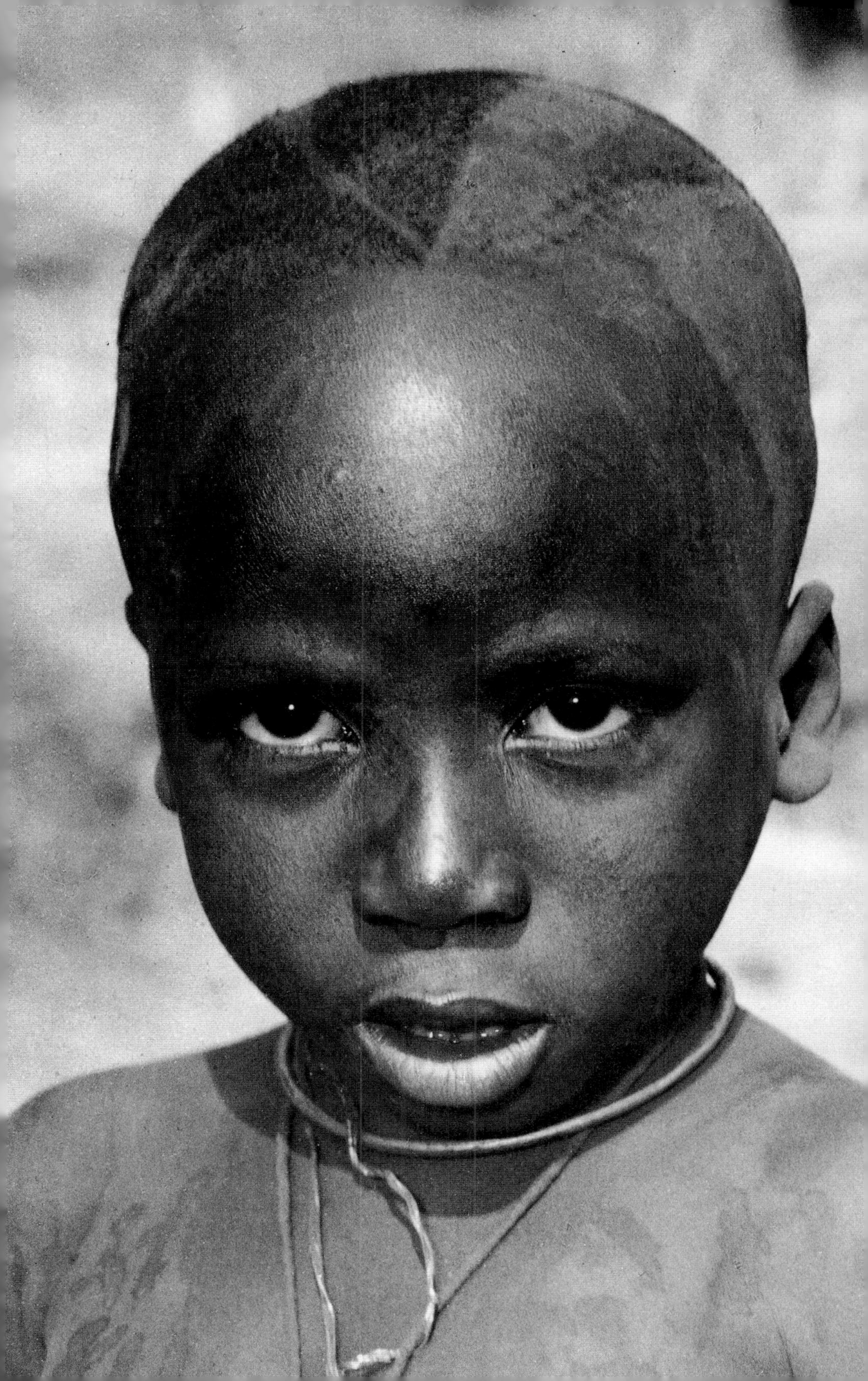

empören sollen, weil keines von ihnen zur Schule ging? Es ist wahr: an der Landsgemeinde wurden die Frauen nicht um ihre Meinung befragt. Habe ich nun daraus unbedingt zu schliessen, sie seien unterdrückt, gequält, geplagt? Und soll ich mich sittlich entrüsten darüber, dass die Buben den Mädchen selten beim Wassertragen helfen und auch der fünfunddreissigjährige Sohn dem Vater zu gehorchen hat?
Mit welchem Recht massen wir uns eigentlich an, ihnen unsere Ansichten und Ordnungen und Gesetze aufzuzwingen? Höchstens mit dem Recht des Stärkeren. Mein Freund Alfred Bühler, der Basler Ethnologe, schrieb vor etwa zwanzig Jahren einmal, als die Europäer die

Friedlicher Alltag. Da sitzen sie herum, tun etwas oder auch nichts. Man kennt keine Hast und macht sich keinen Kummer um den morgigen Tag.

Entwicklungshilfe entdeckten: «Die Erhaltung des Gefühls vom Wert der bodenständigen Kultur entscheidet mit darüber, ob unsere Hilfe für Entwicklungsländer Erfolg hat.» Ich glaube fest daran, dass er recht hat.

Auch viele Afrikaner fühlen längst das Unbehagen, dass sie, durch die europäische Zivilisation dazu gedrängt, auf einem falschen Geleise unterwegs sind. In einem Mitteilungsblatt der Emmaus-Vereinigung gibt diesem Unbehagen ein Schwarzer unter dem Titel «Reflexionen eines ‹Unterentwickelten›» in einer bewegten Klage Ausdruck. Ich möchte hier diesen kurzen Aufsatz auszugsweise zitieren:

«Ich habe vor mir Rechenschaftsberichte über Aktivitäten in der dritten Welt. Ob diese Dokumente nun von Regierungen, internationalen Organisationen oder Kirchen stammen, alle proklamieren: ‹Wir haben Staudämme gebaut, Brunnen gegraben, Strassen gezogen... Wir haben Schulen gebaut und Kirchen errichtet... Wir haben Spitäler gebaut und Wöchnerinnenheime... Wir haben Alphabetisierungskampagnen finanziert... Wir haben Tausende von Bäumen gepflanzt.›

Und dann, natürlich, endet jedes Kapitel mit der Angabe der Summen, die dafür aufgewendet worden sind; Summen, die für uns nichts anderes sind als Zeichen auf Papier. Ja, Ihr habt uns unterrichtet, habt ihr uns aber auch erzogen?

... Ihr sagt uns: Das alles haben wir euch gegeben, es ist nun an euch, das alles zu unterhalten und weiterzufahren. Unterhalten und weiterfahren? Womit denn bei einem durchschnittlichen Einkommen von weniger als 300 Franken im Jahr? Damit sollen wir leben und die Verantwortung dafür übernehmen, was ihr auf unsere Köpfe geladen habt? ... Lasst uns nach unsern Möglichkeiten konstruieren, helft uns, aber baut nicht für uns. Ihr wisst es, sogar mit der Weisheit eines Europäers, dass man nur das liebt, was man mit seinen eigenen Händen gemacht hat, wofür man gelitten hat. Wir prüfen die Notwendigkeit einer Schule, helft uns, sie zu verwirklichen, aber baut sie nicht für uns. Ihr sagt, Bäume seien die Rettung Afrikas. Uns ist das nicht bewusst. Helft uns, dass es uns bewusst wird. Aber das erreicht ihr nie, wenn ihr sie für uns pflanzt. Ihr habt Genossenschaften gegründet, aber ihr habt nie versucht, herauszufinden, was es Ähnliches gab bei uns.

... Ihr Europäer und Amerikaner, im Beton geboren, abhängig von Statistiken, lüstern nach Ertrag, ihr könnt wohl Menschen ausbilden, aber ihr könnt sie nicht mehr erziehen. Ihr betrachtet die Menschen

Eine neue kurzweilige Hirtenszene an der Aussenwand eines Hauses im neuen Bimlerou.

wie eure Maschinen: wenn man eine Maschine vorn mit dem Grundmaterial füttert, kommt auf der andern Seite notwendigerweise das gewünschte, fertige Produkt heraus.
Aber wir, wir sind immer noch Bauern, abhängig vom Kreislauf der Natur. Wenn wir das Korn säen, wissen wir darauf zu warten, dass es keimt, bis der Stengel kommt, dann die Blüte und schliesslich die Ähre unserer Hirse. Das braucht Arbeit, sicher, aber auch Sonne, und Regen und vor allem, das vor allem: es braucht Zeit.
Europäer, Amerikaner, wenn du uns nur zuhören könntest!
Wenn du dich nur auf Vorschläge beschränken könntest!
Wenn du dich bloss nicht zu sehr einmischen würdest!
Vielleicht könntest du sogar zustande bringen, dass man dich liebt.
Denn du bist willkommen.
Aber du kommst mit deinen Ideen,
Du nimmst dir heraus, sie uns aufzuzwingen.
Du willst sie an unserer Stelle verwirklichen.
Ist das so dringend?
Heisst eines deiner Sprichwörter nicht ‹Zeit ist Geld›?
Du wirst zu dir heimkehren, und du wirst uns unglücklicher zurücklassen, weil wir uns nun unserer Armut und vor allem unserer Ohnmacht bewusster sind.» (sig. Massa Wolea, Ougadougou, Obervolta)

Zwischen meinen beiden Besuchen bei Voksi liegen fünfundzwanzig Jahre. Das scheint eine lange Zeit zu sein. Sie genügte aber doch nicht, um die Koma der Alantikas stark zu verändern, zu entwurzeln. Sie sind immer noch die «Hinterwäldler». Dass sie es geblieben sind, dass sie noch kaum in den Strudel einer Welt voll Unzufriedenheit, Begehrlichkeit und Streit geraten sind, in einen Zustand der Unordnung und Heimatlosigkeit, das verdanken sie der Unwegsamkeit der Berge und vor allem dem Faro, der sie vom andern Ufer trennt.
Und dann verabschiedeten wir uns von den Leuten von Bimlerou. Kurz bevor wir gingen, unsere Wanderschuhe festgebunden und die Träger ihre Lasten aufgebürdet hatten, rief uns Voksi noch einmal ins Gehöft zurück. Er kletterte über den Steigbalken in seinen Speicher, brachte mir die Flasche mit dem so willkommenen Honig als Abschiedsgeschenk, und nun standen wir zu viert vor seinem Schlafhaus: Voksi mir gegenüber, und über Kreuz sein zweiter Sohn Sambo und Jürg. Jia hielt sich im Hintergrund.
Der alte Chef von Bimlerou erklärte, wir zwei, er und ich, wir seien

nun bald am Ende unseres Lebens angekommen, wir würden einander nie mehr wiedersehen. Aber die beiden Jungen da, sein Sohn Sambo und mein Begleiter, die werden einander eines Tages von neuem begegnen, denn genau so, wie ich wiedergekommen sei, werde auch Jürg zurückkehren. Und dann werden sie einander helfen.
Sie werden einander helfen, so sagte es der alte Bauer Voksi. Nicht der eine in seiner Überheblichkeit dem andern, sondern beide einander. Könnte man sich etwas Besseres wünschen?

Ein letztes Bild vom Dorfchef von Bimlerou, der für uns aus den Tiefen seines Speichers als Abschiedsgeschenk eine Flasche Wildbienenhonig holt.

Anhang

Bemerkungen zu den Illustrationen

Bild und Text bilden in diesem Buch eine Einheit. Das Bild soll das Erzählte illustrieren, noch begreiflicher machen und möglichst echte Vorstellungen schaffen. Die Texte stehen ja hier nicht da, um die Bilder zu erklären; diese sollten mir umgekehrt umständliche Beschreibungen ersparen. Die Fotografien müssen veranschaulichen, was erzählt wird; sie haben einerseits die Aufgabe, nüchterne Dinge zu erklären und verständlich zu machen, andererseits aber sollten sie auch Anteilnahme erwecken, den Leser miterleben lassen. Es ging also nicht darum, wie in manchem Bildband, besonders schöne oder originelle oder sensationelle Bilder zu zeigen.

Meine Leser werden bemerkt haben, dass auch diesmal wieder, wie in früheren Büchern von mir, Text und Bild wo immer möglich nebeneinander stehen. Man sollte bei der Lektüre möglichst wenig nach den entsprechenden Bildern blättern müssen.

Es ist anzunehmen, dass man meist die Fotografien betrachtet, bevor man sich ins Buch vertieft. Deshalb gibt es kurze Bildlegenden, so dass einem bald Land und Menschen ein wenig bekannt sind.

Die meisten meiner hier abgebildeten Schwarzweiss-Aufnahmen sind auf der Reise im Jahr 1955 aufgenommen worden. Neu sind die Bilder auf den Seiten 17, 35, 57, 63, 91, 95, 98, 101, 116, 118/119, 128, 129, 146, 150, 151, 153, 156, 157, 162, 189, 219 und alle von Seite 239 weg bis zum Schluss.

Alle Farbaufnahmen aus dem Jahr 1955 haben sich derart verfärbt, dass sie nicht mehr brauchbar sind. Nur das Bild auf Seite 71, eine

Ein Schutzbringer am Dorfrand. Menschen, die derart in Naturverbundenheit leben wie die Koma der Alantika, sind fromm und allem Übersinnlichen zugetan.

Szene vom Totenkult bei den Doayo, stammt aus jener Zeit. Es ist durch die Kunst der Fotolithographen weitgehend gerettet worden.
Alle übrigen Farbbilder stammen von der letzten Kamerunreise.
Von Dr. Franz Moser, meinem Reisegefährten im Jahr 1955, stammen die Bilder auf den Seiten 26/27, 72, 82, 102, 122/123, 137, 139, 172/173, 185, 213, 220/221, 228.
Franz Moser kehrte im Winter 1957/58 noch einmal in die Alantika zurück; von seinem damaligen Begleiter Dr. Harald Widmer sind die Bilder auf den Seiten 11, 25, 39, 104, 188, 196, 287.

Zur Karte auf den Seiten 180/181

Diese Karte des französischen Kolonialoffiziers Capitaine Coste aus dem Jahr 1923 mit den Ergänzungen des Administrators Henri Relly aus dem Jahr 1954 war die einzige, die uns seinerzeit zur Verfügung stand. Sie enthält viele Fehler, ausserdem sind einige der angegebenen Dörfer verlegt worden. Die Marschzeiten zwischen den einzelnen Orten sind viel zu kurz angegeben.
Wir waren nicht immer sicher – besonders in der Umgebung von Bimlerou –, ob wir uns jeweils noch in Kamerun befanden oder bereits jenseits der Grenze in Nigeria. Diese imaginäre Linie sollte dort oben einigermassen der Wasserscheide entlanggehen. Diesseits und jenseits der Grenze leben Koma.
Es gibt nun in der Serie der Landeskarten Kameruns ein Blatt im Massstab 1:200 000 mit dem Titel «Tchamba», das den Bergzug der Alantika enthält. Ich fand es aber reizvoller, die alte Karte von Coste mit all den handschriftlichen Eintragungen zu verwenden, die mir damals Monsieur Relly geschenkt hatte.

Hinweis

Die Schreibweise der geographischen Namen entspricht derjenigen auf den Landkarten des Institut Géographique National, Paris. Die Eigennamen dagegen sind meistens annähernd phonetisch geschrieben.